JN061424

特長と使い方

◆ 15時間の集中学習で入試を攻略！

1時間で2ページずつ取り組み，計15時間（15回）で高校入試直前の実力強化ができます。強化したい分野を，15時間の集中学習でスピード攻略できるように入試頻出問題を選んでまとめました。

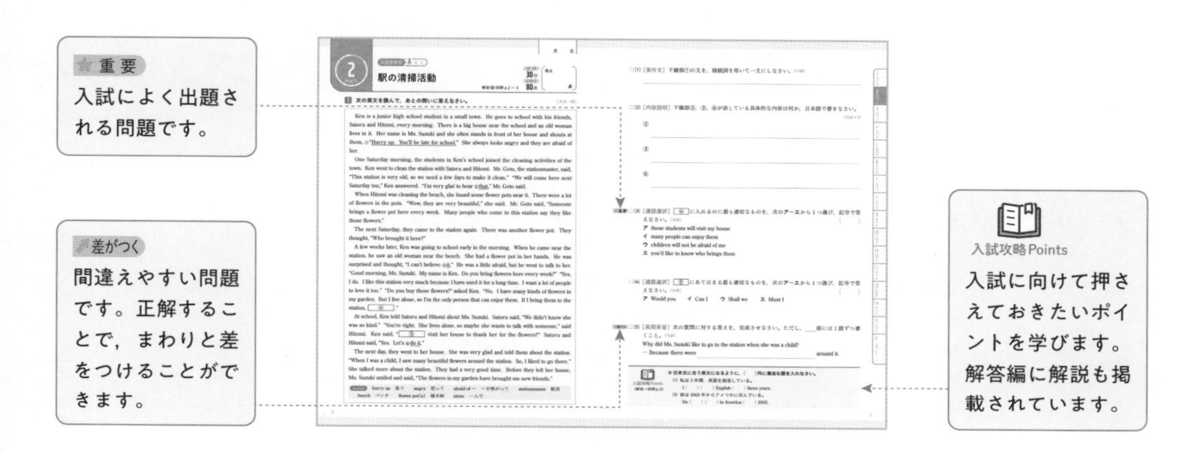
重要
入試によく出題される問題です。
差がつく
間違えやすい問題です。正解することで，まわりと差をつけることができます。
駅の清掃活動
入試攻略Points
入試に向けて押さえておきたいポイントを学びます。解答編に解説も掲載されています。

◆「総仕上げテスト」で入試の実戦力UP！

総合的な問題や，思考力が必要な問題を取り上げたテストです。15時間で身につけた力を試しましょう。

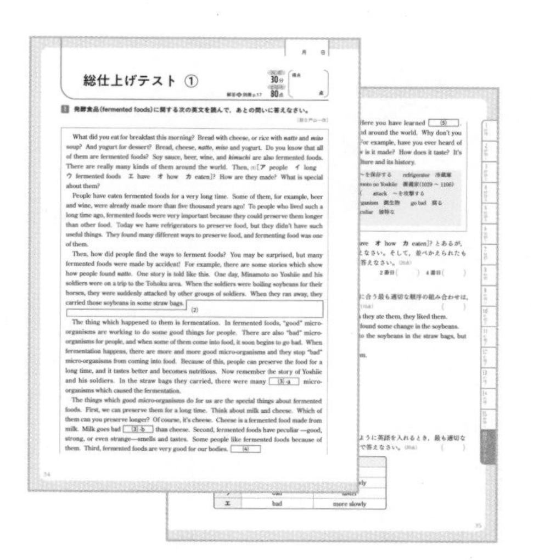
総仕上げテスト ①

◆ 解き方がよくわかる別冊「解答・解説」！

親切な解説を盛り込んだ，答え合わせがしやすい別冊の解答・解説です。

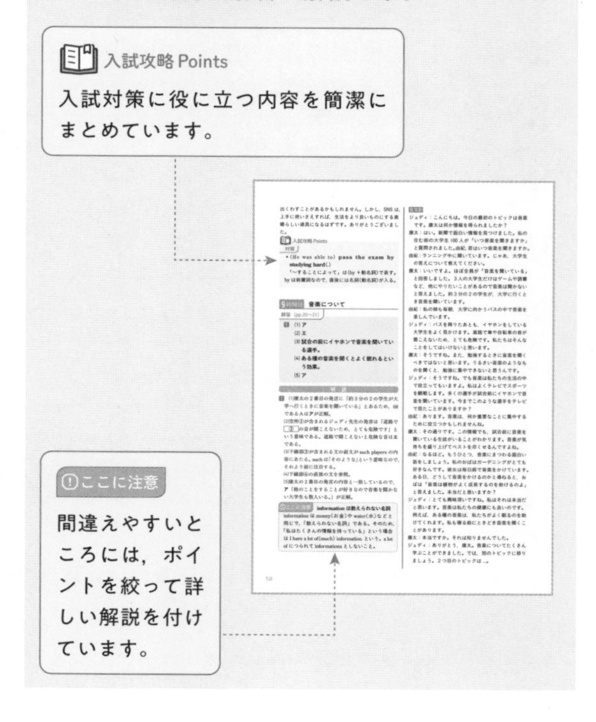
入試攻略Points
入試対策に役に立つ内容を簡潔にまとめています。
ここに注意
間違えやすいところには，ポイントを絞って詳しい解説を付けています。

目次と学習記録表

◆ 下の表に学習日と得点を記録して，自分自身の実力を見極めましょう。
◆ 1 回だけでなく，復習のために 2 回取り組むことが，実力を強化するうえで効果的です。

本書に関する最新情報は，小社ホームページにある**本書の「サポート情報」**をご覧ください。(開設していない場合もございます。)
なお，この本の内容についての責任は小社にあり，内容に関するご質問は直接小社におよせください。

出題傾向

◆「英語」の出題割合と傾向

〈「英語」の出題割合〉

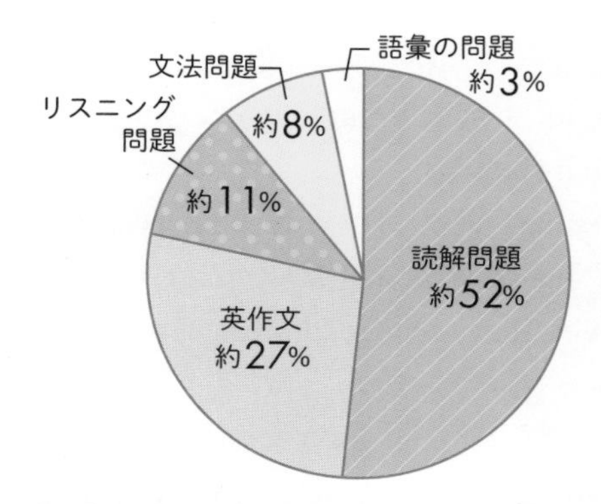

〈「英語」の出題傾向〉

- 問題の半数は読解問題で，長い対話文や物語，身近な話題を題材として，内容把握力や表現力が試される。
- 文法問題では，語形変化や空欄補充，同意文の書き換えなど，総合問題の中で出題されることが多い。
- 語彙問題は，読解問題の一部として出題され，文脈を読み取る力が試される。また，単語の定義や類推などの問題が比較的多く出題されている。

◆「読解問題」「英作文」「リスニング問題」の出題傾向

- 読解問題では，語句や文の補充・選択，日本語での記述，空欄に合う適文の補充・選択などが出題され，最新の流れや話題を取り入れた問題も多い。
- 英作文では，語句の整序や条件英作文，自由英作文，語句の補充・選択問題などが出題される。新学習指導要領にある，初歩的な英語で自分の考えを書く表現力が求められる。
- リスニングでは，対話や英文を聞いて内容の要約を聞き取る問題や，絵やグラフを選ぶ問題，対話を聞いて内容を理解する力やディクテーションの力が試される。

合格への対策

◆読解問題

英文を速く正確に理解する力や文脈を読み取る力が試されます。最近の流行や話題を取り入れた文章に慣れるよう，ニュースなどでチェックしておこう。

◆英作文

設問に対する意見の多様性よりも，初歩的な英語を用いて自分の意見を読み手にわかりやすく，正確かつ的確に表現する力が求められます。

◆リスニング問題

複数の絵やグラフから，内容に合ったものを選ぶ問題が多く出題されます。日常的な場面・状況で使用される慣用的な表現が問われることも多いので，教科書の対話表現を確認しておこう。

◆文法問題

不定詞や現在完了，現在分詞・過去分詞に関するものが多い。比較や接続詞も要注意しよう。

◆語彙の問題

単数・複数，同意語・反意語，比較変化，動詞の変形などが多く出題されます。教科書の基本表現を覚えたり，動詞の活用などをもう一度見直したりしておこう。

入試重要度 A B C

本が教えてくれること

時間 30分　合格点 80点　得点　　点

解答➡別冊 pp.1 ～ 2

1 次の文は，中学生の真人(Masato)さんが英語の授業で行ったスピーチの原稿です。これを読んで，あとの問いに答えなさい。〔石川―改〕

About six months ago, I saw a picture of my friend, Akio, in the library news. It was in front of the school library. He was smiling with a book in his hand. I wasn't reading very much at that time, but I started to enjoy reading again that day. I'll tell you why.

When I was little, my mother always read books to me before I slept. They were interesting to me. In elementary school, I liked to read the books in our classroom. Also, going to the school library was fun. I spent three or four days in a week there and read stories, picture books and newspapers. I couldn't think of life without books.

When did I stop reading books for fun? It was after I became a junior high school student. The baseball club members practice a lot every day, so I didn't have time to read. When I was reading the library news six months ago, Akio saw me and said, "I've never seen you here before." Then, he went into the library. I walked in, too. He showed me a book and said, "This book is very interesting. I think you'll like it, too." I looked at the book and said to myself, "Akio practices baseball with me late every day, but he still finds time to read. He reads so many books!" The book was the life story of a baseball player. I liked that baseball player very much, so I decided to borrow it.

Now I really love that story. The baseball player made people around the world excited. Then, one day he had a car accident and was in the hospital for ten months. This changed his life. He decided to help people with difficulties. He gave baseball tickets to sick children. He began to teach baseball in poor countries. I was impressed by his life. I liked the player before I read about him, but now I like him better than before. <u>We can change our difficulties into something good.</u> The book changed my view of life.

I've found many good books and they've taught me a lot of things. It is interesting to learn new things and see many different views of life. Also, it is exciting to read about things we can never do in real life. You should go to the library. Many interesting and exciting books are waiting for you there.

words　borrow 借りる　accident 事故　difficulties 困難　impressed 感動して　view 見方

★重要　(1)［適語記入］次の①，②について，Bの文がAの質問の答えになるように，それぞれの下線部にあてはまる適当な英語を書きなさい。(10点×2)

□① A : Who read books to Masato at night when he was a little boy?
B : ＿＿＿＿＿＿＿＿ did.

□② A : What changed Masato's view of life?
B : The life story of ＿＿＿＿＿＿＿＿ did.

□(2) ［内容説明］章雄(Akio)さんは，日記の中で真人さんのことについて次のように書きました。本文の内容に合うように，次の①〜③に入る最も適切なものを，下の**ア〜カ**からそれぞれ1つ選び，記号で答えなさい。(10点×3)

I saw Masato at the (①) for the first time today. He was looking at the (②) there. I told him about a book I enjoyed reading. He was (③) the book and borrowed it. I hope he will like it.

ア interested in　**イ** going to
ウ reading　**エ** classroom
オ library news　**カ** school library

①(　　) ②(　　) ③(　　)

□(3) ［内容説明］中学入学以前の真人さんの本に対する思いが，最も強く述べられている1文を，本文中から探し，その文の意味を日本語で書きなさい。(20点)

____

□(4) ［内容説明］真人さんが下線部のように感じたのは，この野球選手について，どのようなことを知ったからか。25字以上35字以内の日本語で書きなさい。ただし，句読点も字数に含むものとする。(20点)

				5					10
				15					20
				25					30
				35					

★重要 □(5) ［内容真偽］このスピーチで真人さんが最も伝えたかったことを，次の**ア〜エ**から1つ選び，記号で答えなさい。(10点)　(　　)

ア Akio is my good friend.
イ I was impressed by a baseball player.
ウ Learning new things is interesting.
エ It is wonderful to read books.

入試攻略Points
(解答→別冊 p.2)

◆日本文に合う英文になるように，(　　)内に適当な語を入れなさい。

(1) 由美は友達に電話するのを止めました。
Yumi (　　) (　　) her friend.

(2) 音楽を聞くことは楽しい。
(　　) (　　) (　　) is fun.

駅の清掃活動

時間 30分　合格点 80点　得点　　点

解答➡別冊 pp.2〜3

1 次の英文を読んで，あとの問いに答えなさい。 〔大分一改〕

Ken is a junior high school student in a small town. He goes to school with his friends, Satoru and Hitomi, every morning. There is a big house near the school and an old woman lives in it. Her name is Ms. Suzuki and she often stands in front of her house and shouts at them, ①"Hurry up. You'll be late for school." She always looks angry and they are afraid of her.

One Saturday morning, the students in Ken's school joined the cleaning activities of the town. Ken went to clean the station with Satoru and Hitomi. Mr. Goto, the stationmaster, said, "This station is very old, so we need a few days to make it clean." "We will come here next Saturday too," Ken answered. "I'm very glad to hear ②that," Mr. Goto said.

When Hitomi was cleaning the bench, she found some flower pots near it. There were a lot of flowers in the pots. "Wow, they are very beautiful," she said. Mr. Goto said, "Someone brings a flower pot here every week. Many people who come to this station say they like those flowers."

The next Saturday, they came to the station again. There was another flower pot. They thought, "Who brought it here?"

A few weeks later, Ken was going to school early in the morning. When he came near the station, he saw an old woman near the bench. She had a flower pot in her hands. He was surprised and thought, "I can't believe ③it." He was a little afraid, but he went to talk to her. "Good morning, Ms. Suzuki. My name is Ken. Do you bring flowers here every week?" "Yes, I do. I like this station very much because I have used it for a long time. I want a lot of people to love it too." "Do you buy those flowers?" asked Ken. "No. I have many kinds of flowers in my garden. But I live alone, so I'm the only person that can enjoy them. If I bring them to the station, [④]."

At school, Ken told Satoru and Hitomi about Ms. Suzuki. Satoru said, "We didn't know she was so kind." "You're right. She lives alone, so maybe she wants to talk with someone," said Hitomi. Ken said, "[⑤] visit her house to thank her for the flowers?" Satoru and Hitomi said, "Yes. Let's ⑥do it."

The next day, they went to her house. She was very glad and told them about the station. "When I was a child, I saw many beautiful flowers around the station. So, I liked to go there." She talked more about the station. They had a very good time. Before they left her house, Ms. Suzuki smiled and said, "The flowers in my garden have brought me new friends."

words　hurry up 急ぐ　angry 怒って　afraid of〜 〜を怖がって　stationmaster 駅長　bench ベンチ　flower pot(s) 植木鉢　alone 一人で

□(1) ［英作文］ 下線部①の文を，接続詞を用いて一文にしなさい。（15点）

□(2) ［内容説明］ 下線部②，③，⑥が表している具体的な内容は何か，日本語で書きなさい。
（15点×3）

②

③

⑥

重要 □(3) ［適語選択］ ④ に入れるのに最も適切なものを，次の**ア～エ**から１つ選び，記号で答えなさい。（15点） （　　）

ア those students will visit my house
イ many people can enjoy them
ウ children will not be afraid of me
エ you'd like to know who brings them

□(4) ［適語選択］ ⑤ にあてはまる最も適切なものを，次の**ア～エ**から１つ選び，記号で答えなさい。（10点） （　　）

ア Would you　**イ** Can I　**ウ** Shall we　**エ** Must I

差がつく □(5) ［英問英答］ 次の質問に対する答えを，完成させなさい。ただし，＿＿部には１語ずつ書くこと。（15点）

Why did Ms. Suzuki like to go to the station when she was a child?
— Because there were ＿＿＿＿ ＿＿＿＿ ＿＿＿＿ around it.

入試攻略Points
（解答→別冊 p.3）

◆日本文に合う英文になるように，（　　）内に適当な語を入れなさい。

(1) 私は３年間，英語を勉強している。
I (　　) (　　) English (　　) three years.

(2) 彼は 2003 年からアメリカに住んでいる。
He (　　) (　　) in America (　　) 2003.

1時間目 2時間目 3時間目 4時間目 5時間目 6時間目 7時間目 8時間目 9時間目 10時間目 11時間目 12時間目 13時間目 14時間目 15時間目 総仕上げテスト

月　日

祖父の笑顔

時間 30分　合格点 80点　得点　点

解答⇨別冊 pp.3～4

1 次の健太(Kenta)の祖父についての英文を読んで，あとの問いに答えなさい。 〔静岡一改〕

I have a grandfather. After his retirement, he seldom smiled or talked. He always read books alone in his room. My family all worried about him.

One day I said to my grandfather, "Can you take my sister and me to a bookstore?" He just answered, "O.K." We took a bus and went to the ⓐ(big) bookstore of all in the city. He walked quickly before us into the bookstore. My sister and I went to the comic book area.

A few hours passed. When I looked at my watch, it was 6:00 p.m. My sister and I started looking for our grandfather. When we finally found him, he was reading a book. So we said to him, "It's time to go home." He said, "O.K. I'll buy some books before going home. I can buy a book for each of you."

Some minutes later, I came back with the comic book I wanted. My sister came back with an English workbook. He said to my sister, "Do you really want a workbook?" She answered, "Yes, I'll answer one page of this workbook every day." "Good," he said and smiled. I thought, "I have never ⓑ(see) such a cute smile before." I wanted to see his smile again.

Then, I said to him, "I want a workbook, too. I'll change my book." I came back with a science workbook. He said to me, "This workbook looks difficult. Can you do it all?" I answered, "Yes, of course. I'll answer two pages every day." He looked surprised and smiled. He bought his books and our workbooks.

My sister and I wanted to talk to our grandfather very often. So, every day, after answering our pages, we went to his room to show them.

A few weeks later, when I came home, I was very tired. So I was going to bed without answering the pages of my workbook. My grandfather asked, "Did you finish today's pages?" <u>I was very sleepy, but I remembered my words.</u> The pages had very difficult questions.

Two hours later, I went to his room with my workbook. He was waiting for me. He read my answers and said, "Well done, Kenta! You kept your words." He was good at science, so he ⓒ(teach) me how to answer the difficult questions.

The next morning, he said to me, "I really understand what you did for me. I'll talk with my family every day. I'll keep my words, too." I was very happy to hear that.

words　retirement (定年)退職　seldom めったに～しない　alone 1人で
comic book 漫画本(まんが)　pass (時間が)過ぎる(passed は過去形)
workbook 問題集，ワークブック　kept keep の過去形

□(1) ［語形変化］ ⓐ，ⓑ，ⓒの中の語を適切な形に直しなさい。(10点×3)

ⓐ ＿＿＿＿　ⓑ ＿＿＿＿　ⓒ ＿＿＿＿

(2) ［英問英答］次の質問に英語で答えなさい。(15点×2)

□① Who walked into the bookstore first?

□② Why did Kenta and his sister go to their grandfather's room to show their pages every day?

□(3) ［内容説明］下線部の中の my words とはどのようなことか。my words の内容を具体的に日本語で書きなさい。(15点)

重要 □(4) ［内容真偽］次の**ア**～**エ**の中から，本文の内容と合うものを１つ選び，記号で答えなさい。(15点)（　　）

ア Kenta's sister came back to her grandfather with the comic book she wanted.
イ Kenta gave up the comic book at the bookstore to see his grandfather's smile.
ウ Kenta's grandfather bought science workbooks for Kenta and Kenta's sister.
エ Kenta's workbook had very difficult questions his grandfather couldn't answer.

差がつく □(5) ［内容説明］健太は，本文の最後の一文で，自分の気持ちを述べている。健太がそのような気持ちになったのは，祖父がそのときどのようなことを述べたからか。祖父がそのとき述べたことをすべて，日本語で書きなさい。(10点)

入試攻略Points
(解答→別冊 p.4)

◆日本文に合う英文になるように，(　)内に適当な語を入れなさい。

(1) 私は野球よりサッカーが好きだ。
I like (　) (　) (　) baseball.

(2) メグミはユキよりも速く走る。
Megumi (　) (　) (　) Yuki.

(3) 数学は英語と同じくらい難しい。
Math is (　) (　) (　) English.

(4) ビルは家族の中でいちばん年下だ。
Bill is the (　) (　) (　) (　).

入試重要度 A B C

日本の伝統音楽

時間 30分
合格点 80点
得点　　点

解答➡別冊 pp.4 ～ 5

1 久美(Kumi)の通う中学校は，岐阜県の大学に留学しているアメリカ人のグリーンさん(Mr. Green)を招き，「国際交流会」を開いた。交流会では多くの生徒がグリーンさんに英語で質問をした。久美の質問に対して，グリーンさんは【英文Ⅰ】のように答えた。【英文Ⅱ】は，その日の夜，久美がグリーンさんにあてて書いた手紙である。これを読んで，あとの問いに答えなさい。〔岐阜一改〕

【英文Ⅰ】

What kind of music do I like? That's a good question, Kumi. I like Japanese music, especially Japanese traditional music. Why? Well, to answer that, I have to talk about a Japanese man that I met in America three years ago.

When I was a high school student, there was a world music festival in my city. A Japanese group was invited to have a concert of *wadaiko*. That was the first time for me to listen to *wadaiko* music. The sound was so exciting.

After the concert, I had a chance to talk with one member who played the biggest *wadaiko*. I went to him and said, "I enjoyed the concert very much. I think playing the *wadaiko* is interesting." He said, "Thank you. Would you like to try this big *wadaiko*?" He passed me the drumsticks. I tried to beat the drum well. But it was difficult for me to play well. The sound was really bad. He said to me, "You are only using your hands. You must use your whole body like this." He showed me how to play it for a while. Then I played the drum again. He said, "You are playing well." But I didn't think so. I felt that his sound and my sound were really (①). His sound was more exciting and more beautiful. I asked, "How should I beat the drum to make a good sound?" He smiled and said, "I have played the *wadaiko* for thirty years and I still play it for many hours every day. That's the answer." I said, "Every day? So, you mean that (②)?" He said, "That's right."

He also told me a lot about Japanese traditional music. I really enjoyed talking with him and became interested in it. I said to him, "I want to go to Japan some day to study Japanese traditional music and learn more about *wadaiko*." He looked very happy to hear that.

【英文Ⅱ】

Dear Mr. Green,

Hello. Thank you for coming to our school today.

I have ③big news. Do you know what? Maybe you will be surprised. The man who taught you how to play the *wadaiko* in America is my uncle!

When you were answering my question, I was thinking about my uncle because he also plays the *wadaiko*. He has been to America, too. So, I went to see my uncle after school. I asked him to talk about his trip to America. He asked me why. I told him about your story. He was surprised and showed me one of the pictures taken at the concert. I shouted, "This is

Mr. Green!" I saw you and my uncle in the picture. My uncle said, "I only met him once in America. I haven't seen him since that time. But ④I still remember him very well. I visited many places in America to have *wadaiko* concerts and had a good time. But I had the greatest time when I was telling him about Japanese traditional music."

Please visit my uncle. He will be glad to play the *wadaiko* with you again.

Sincerely yours,
Kumi

words especially 特に traditional 伝統的な pass 手渡す
drumstick(s) ばち(太鼓(たいこ)をたたく棒) beat たたく whole body からだ全体
for a while しばらくの間 some day いつか uncle おじ(父母の兄弟)

□(1) [適語選択] 本文中の(①)に入れるのに最も適切な語を，次の**ア〜エ**から１つ選び，記号で答えなさい。(15点) (　　)

ア good **イ** exciting **ウ** different **エ** beautiful

□(2) [適文選択] 本文中の(②)に入れるのに最も適切なものを，次の**ア〜エ**から１つ選び，記号で答えなさい。(15点) (　　)

ア speaking Japanese is not difficult **イ** practicing hard is important
ウ playing the *wadaiko* is not fun **エ** listening to music is sad

□(3) [内容説明] 下線部③が指していることを，本文の内容に即して日本語で書きなさい。(15点)

＿＿＿＿＿＿＿＿＿＿＿＿＿＿＿＿＿＿＿＿ということ。

□(4) [内容説明] 下線部④の理由を「久美のおじは」という書き出しに続けて日本語で書きなさい。(15点)

久美のおじは＿＿＿＿＿＿＿＿＿＿＿＿＿＿＿＿＿＿から。

(5) [英問英答] 次の質問に対する答えを，完成させなさい。ただし，＿＿部には１語ずつ書くこと。(20点×2)

□① Did Mr. Green play the *wadaiko* well when he first tried it?
＿＿＿＿, he ＿＿＿＿.

□② What did Kumi's uncle show her when Kumi was talking about Mr. Green?
He showed Kumi a ＿＿＿＿ ＿＿＿＿ at the concert.

入試攻略Points
(解答→別冊p.5)

◆次の英文の(　　)内に適当な語を入れなさい。

・He is the boy (　　) came to the party yesterday.

入試重要度 A B C

ホームステイでの体験

時間 30分　合格点 80点　得点　　点

解答➡別冊 pp.5 ～ 6

1 次の英文を読んで，あとの問いに答えなさい。〔静岡〕

Tomoko is a junior high school student. Her dream is to work for the people of the world. Last summer, she went to Australia and stayed at a Korean family's house.

Before she left Japan, her English teacher, Mr. Brown, said to her, "A life with foreign people will be a surprise for you. I hope it will be a good surprise."

Tomoko started her homestay with a lot of hope. But things didn't go well for her. Her host family's way of living was very different from ①(she). They got up and went to bed early, and they finished dinner in the early evening. Tomoko couldn't have enough time to talk with them, and she couldn't have dinner with them. Another problem was the language. Her host family usually used Korean among themselves. She felt sad and wanted to go back to Japan.

One evening, after Tomoko took a shower, her host mother said to her, "Your shower is too long. Save water." Tomoko was surprised and ran to her room. Then, her host father came and said to her with a smile, "Are you OK, Tomoko? She is not angry. Saving water is very important in Australia. She says the same thing to everyone in my family. Here, you're one of my family. Think about what you can do as a family member." Tomoko was happy to talk with her host father. She thought, "I've just wanted my host family to do things for me since I came here. It's like a little child."

From the next day, Tomoko changed. She got up and came home earlier to have time with her host family. Dinner with them was much better. She learned many things about Australia and Korea by ②(talk) with them. She also tried new things: she learned Korean and taught them Japanese. Her host mother was happy to see her change. She said to Tomoko, "I've lived here for thirty years. The important thing in foreign cultures is to know the differences and live together. <u>Now, you can do it.</u>"

After she returned to Japan, Tomoko said to Mr. Brown, "I was worrying about how to understand foreign people, but just thinking about it never gave me an answer." Mr. Brown asked, "So, what did you do?" Tomoko answered, "Well, I stopped worrying and did every little thing I could do. Then my homestay became much better." "You had a good homestay," Mr. Brown smiled.

words　Korean　韓国人の，韓国語　　homestay　ホームステイ（家庭滞在）　　shower　シャワー　　save　節約する

□(1)［語形変化］①・②の(　)内の語を適切な形に直しなさい。(5点×2)

①＿＿＿＿＿＿　②＿＿＿＿＿＿

□(2) ［英問英答］次の質問に英語で答えなさい。(15点)

What is Tomoko's dream?

□(3) ［適語記入］次の英文は，知子(Tomoko)が，ホームステイを開始して間もなく，ブラウン先生(Mr. Brown)あてのはがきに書いた文章である。本文の内容に合うように，(　①　)，(　②　)に，本文中からそれぞれ最も適切な1語を抜き出し，補いなさい。(5点×2)

Dear Mr. Brown,

I'm really surprised. My host family doesn't take care of me. They speak their own (　①　), so I can't join them. The time for (　②　) isn't fun because I can't eat with them. My surprise hasn't been a good one.

Tomoko

①＿＿＿＿　②＿＿＿＿

□(4) ［適文選択］知子は，ホームステイ中に，自分のある考えを，幼い子どものようだと思った。自分のどのような考えを，幼い子どものようだと思ったのか。最も適切なものを次の**ア**～**エ**から1つ選び，記号で答えなさい。(10点)　(　　)

ア Wanting to go back to Japan.
イ Wanting to take a long shower.
ウ Wanting to do things for others.
エ Wanting others to do things for her.

□(5) ［内容説明］本文中の下線部で，知子ができるようになったとホストマザーが述べているのは，どのようなことか。ホストマザーが述べていることを，日本語で書きなさい。(15点)

□(6) ［内容真偽］本文の内容と合うものを，次の**ア**～**エ**から1つ選び，記号で答えなさい。(20点)　(　　)

ア The host mother never told her family members to save water.
イ The host father's words changed Tomoko's way of thinking.
ウ Tomoko didn't learn Korean during her homestay in Australia.
エ Mr. Brown gave Tomoko an answer to the question she had in Australia.

□(7) ［内容説明］知子は，どのようなことをした結果，ホームステイがずっとすばらしいものになったとブラウン先生に述べているか。知子が述べていることを，日本語で書きなさい。(20点)

入試攻略Points
(解答→別冊 p.6)

◆**次の下線部と同じ用法の不定詞を含む文を選びなさい。**

I have some books <u>to buy</u> today.

ア I want <u>to read</u> this book.
イ I went to the library <u>to read</u> books.
ウ There are many books <u>to read</u> in the library.

月　日

6 時間目

入試重要度 A B C

社会・環境問題

時間 30分　合格点 80点　得点　点

解答➡別冊 pp.7 ～ 8

1 次の英文は，ある新聞の投稿欄に掲載されたものである。英文を読んで，あとの問いに答えなさい。〔福井〕

We have a lot of problems around us. When the problems are too big, we think we can't solve them. But if we look at the problems from a different view, we can sometimes find the answers.

I will tell you about Mexico City. It is not as large as Tokyo, but it has more people than Tokyo. It is in a high place and it has only one big river. So it is difficult to get enough water. About 160 years ago, many people began to use water under the ground. Do you know what happened after a lot of people used too much water under the ground? Yes. The ground went down very much. That was a big problem. Then people in Mexico City looked at this problem from a different view. Some people thought, "How about using the place that went down?" Other people thought, "Can we use the water we have already used again?" They put the water into the place. Soon it became a kind of lake. People made the water clean and used it again.

We have an example in Japan, too. In big cities it is especially hot in summer. There are many reasons, and we know one of them. There are not so many trees in the big cities. If there are many trees, they can give us some shade in many places and the temperature around us will go down. But the big cities have few places for trees because they have a lot of buildings. Some people thought about the problem hard. Then they looked at a building and found an answer. They thought, "The roof of the building will be useful." They began to have trees on the top of the building. It became a place like a small park. Thanks to the shade of many trees, the temperature of the building went down. They thought, "If we have more buildings that have trees on their roofs, the temperature in the city will go down, too." Now we can see many other buildings with trees on them. Some people enjoy talking with their friends and having lunch under the trees.

We can look at a simple example around us, too. People used to go to their offices with a tie all year round. On hot summer days, they worked with a tie and they used an air conditioner for a long time. This was a problem because using an air conditioner raises the temperature of the Earth. But some people changed the view about a tie. Now many people work in offices without a tie in summer. And they don't have to use the air conditioner for a long time. Working without a tie is useful to stop raising the temperature of the Earth.

As you can see, we have changed our view and we have solved problems. But how can we change our view? You should remember two things. First, you should know what the problem is and how it happened. Second, you should read a lot of books and talk with many people. You will have a good idea if you know a lot of things.

words　solve ～　～を解決する　tie　ネクタイ　air conditioner　エアコン

□(1)［適文選択］Mexico City の内容に合うものを，次のア～オから２つ選び，記号で答えなさい。

(10点×2)(　　　)(　　　)

ア People in Mexico City changed their view and they could get clean water.
イ Mexico City is larger than Tokyo and it has more people than Tokyo.
ウ Although Mexico City is in a high place, there are some big rivers there.
エ In Mexico City people could get enough water from one big river.
オ People in Mexico City used too much water under the ground and the ground went down.

□(2)［内容説明］Mexico City の人々は，ものの見方を変えることによって，そこで起きた問題をどのように解決したか。日本語で答えなさい。(10点)

____

(3)［英問英答］次の質問に英語で答えなさい。(15点×2)

□① When did people in Mexico City begin to use the water under the ground?

____

□② Why do big cities have few places for trees?

____

□(4)［内容説明］日本の大都市では，ビルの温度を下げるために何をしたか。また，そのようなビルが増えることによって，今後どのようなことが起きると考えられているか。それぞれ日本語で答えなさい。(10点×2)

何をしたか ______________________________

どのようなことが起きるか ______________________________

□(5)［内容説明］私たちのものの見方を変えるために大切なことが２つ述べられている。それぞれ日本語で答えなさい。(10点×2)

____

____

入試攻略Points

(解答→別冊 p.8)

◆日本文に合うように，次の英文の(　　)内の語句を並べかえなさい。

(1) あなたは彼がどこで本を読んでいるか知っていますか。
Do you know (reading, he, the book, where, is)?

(2) 私はだれが昨日ジェーンに電話をしたか彼女にたずねました。
I asked Jane (called, yesterday, who, her).

介助犬

時間 30分　合格点 80点　得点　　点

解答➡別冊 pp.8 ～ 9

1 **次の英文は，中学生のまさるさんが学校新聞に載せた介助犬(partner dogs)についての記事である。これを読んで，あとの問いに答えなさい。なお，文中のⅠ～Ⅲは段落を示す番号である。** 〔島根〕

Ⅰ Partner dogs help the people who can't walk well or can't use their hands well because they had accidents or got sick. The people who use partner dogs are called "users." How do partner dogs help their users? Many partner dogs in Japan are Labrador Retrievers. The name of "Retriever" comes from "retrieve." To retrieve means finding something and bringing it back. They like to retrieve. That is important because bringing something to their users is one of their jobs. Partner dogs also understand about 50 words and do a lot of things for them. Partner dogs help their users when they open and close doors, and go shopping. Thanks to them, the life of their users becomes easier. They give their users the chance to try ①something new; their users can go out and meet other people. We should understand that they are important for their users.

Ⅱ Bruce, the first partner dog, came to Japan from the United States in 1992. It was difficult for him to live and work in small houses or streets in Japan. The dog couldn't do his job well. Then people thought, "We should train partner dogs in Japan." They began to train partner dogs. The first Japanese partner dogs began to work in 1995. In 2002, people with their partner dogs took buses or trains for the first time. The next year, people and their partner dogs began to go into supermarkets, restaurants, and hotels together. Now, there are about 40 partner dogs in Japan, but ②that is not enough. More than 10,000 people need them.

Ⅲ I think we have something to do for partner dogs. Training many dogs is not easy because it takes a lot of time and needs a lot of money. I hope we will collect money to train them. And when we see them on the streets or in restaurants, ③we should not talk, or give food to them. If we do so, they can't do their jobs well. We should watch them warmly.

words　Labrador Retriever(s)　ラブラドール・レトリーバー(犬の種類)　train　～を訓練する　warmly　温かく

□(1) ［内容真偽］本文の内容に合うものを，次の**ア**～**オ**から2つ選び，記号で答えなさい。(6点×2)

(　　)(　　)

ア The job of partner dogs is only bringing something to their users.
イ Partner dogs can't understand any words, but they can do their jobs.
ウ The partner dog which came from the United States did not do a good job in Japan.
エ The people who train partner dogs are called "users."
オ People could not eat in restaurants with their partner dogs before 2003.

□(2) ［内容説明］ラブラドール・レトリーバーにはどんな特性があるか。日本語で答えなさい。(20点)

□(3) ［内容説明］下線部①の内容を具体的に日本語で答えなさい。(20点)

□(4) ［内容説明］下線部②の表す内容として最も適切なものを，次の**ア**～**エ**から１つ選び，記号で答えなさい。(10点)　(　　)

ア 介助犬が入ることができる場所が少ない。
イ 介助犬の訓練施設が足りない。
ウ 介助犬の数が足りない。
エ 介助犬を育てるお金が足りない。

□(5) ［内容説明］下線部③の理由を日本語で答えなさい。(20点)

□(6) ［適題選択］本文のⅠ～Ⅲの各段落の内容に最もふさわしい見出しを，それぞれ**ア**～**カ**から１つずつ選び，記号で答えなさい。(6点×3)

ア What Can We Do for Partner Dogs?
イ Users Open Doors for Partner Dogs
ウ It Is Easy to Train Many Dogs
エ The Difference Between American and Japanese Culture
オ The History of Partner Dogs in Japan
カ How Useful Partner Dogs Are!

Ⅰ(　　)　Ⅱ(　　)　Ⅲ(　　)

入試攻略Points
(解答→別冊 p.8)

◆**日本文に合うように，次の英文の(　　)内の語句から適切なものを選びなさい。**

(1) 彼はもう一度英語を勉強することを決めました。
He decided (to study / studying) English again.

(2) 私たちはカレーを作ることを楽しみました。
We enjoyed (to cook / cooking) curry.

(3) その手紙を送るのを忘れないでください。
Don't forget (to send / sending) the letter.

(4) 私はその機械を使ってみました。
I tried (to use / using) the machine.

SNS とのつきあいかた

時間 30分　合格点 80点　得点　点

解答➡別冊 pp.9 ～ 10

1 次の英文は，中学 3 年生の美樹（Miki）が英語の授業で行った発表の原稿です。これを読み，各問いに答えなさい。〔沖縄〕

Have you heard of SNS? It is ①<u>a tool for communication on the Internet that people can use to send and receive information easily</u>. I think a lot of junior and senior high school students enjoy it because they can use it to communicate with each other. For example, Twitter is very popular among young people. I use it every day. SNS is a very useful tool in life, but using it can also make problems.

Now, I am going to talk about why SNS is useful. First, it can be a good tool for communicating with our friends and many other people. We often take pictures, make funny videos, and put them on SNS. People who read and watch them can write comments, and that information can spread all over the world. Second, it can be a useful tool for business. Shopping on the Internet is becoming more popular these days. Big companies, small companies, and even one person can increase their chances of selling goods by using SNS. Information and comments about goods can be spread and shared all over the world through SNS. Third, SNS is useful in emergencies. People can check SNS to know if their family and friends are safe. This happened when the Great East Japan Earthquake hit the Tohoku area in 2011.

However, we need to be careful when we use SNS. Have you ever heard of surprising news about SNS? I was shocked to hear that some young Japanese workers at a convenience store or a sushi restaurant took bad videos in their workplace and put them on Twitter. These videos quickly spread on the Internet and became big problems on the news. There are also some other problems with using SNS. One of them is health problems. For example, if you spend too much time using SNS at night, you cannot get enough sleep. It is not good for your health. Actually, some students are late for or cannot go to school because they are too tired. Another problem is bullies at school using SNS. It may be difficult for some students to come to school if they have troubles with bullies on the Internet.

SNS has become a very useful tool for communication these days. We can communicate with people all over the world by using SNS. We may have trouble with using SNS sometimes. However, if it is used in a good way, it will be a great tool to make life better. Thank you.

words　SNS　ソーシャルネットワーキングサービス（Twitter 等）　tool　道具
communicate　（情報・意思等を）伝え合う　business　商売　companies　会社
goods　商品　emergencies　緊急事態　if　～かどうか
the Great East Japan Earthquake　東日本大震災　workplace　職場　bullies　いじめ

□(1) ［内容語説明］ 下線部①が表しているものとして最も適切なものを**ア～エ**のうちから1つ選び，その記号を書きなさい。(20点)　(　　)

ア students　**イ** SNS　**ウ** movie　**エ** school

重要 □(2) ［文章整序］ 美樹さんはスライドを使って発表をしています。発表全体の流れを示すスライドになるように次の**A～D**の英文を内容に沿って順序良く並べたとき，最も適切な組み合わせを**ア～エ**のうちから1つ選び，その記号を書きなさい。(20点)　(　　)

A How SNS can be a useful tool
B Popular communication tool for young people
C What happens when SNS is used in bad ways
D How we can make life better with SNS

ア C→D→B→A　**イ** A→C→B→D
ウ B→A→C→D　**エ** C→B→D→A

□(3) ［内容説明］ 本文の内容と一致している文として適切なものを**ア～オ**のうちから2つ選び，その記号を書きなさい。(20点×2)　(　　)(　　)

ア SNS helps people when they buy goods.
イ SNS helps teachers when bullies happen in school.
ウ Young people use SNS to watch animal movies.
エ Shopping on the Internet is not popular among old people.
オ Some young people put bad movies on the Internet.

□(4) ［適文選択］ 美樹さんの発表のあと，ブラウン先生(Mr. Brown)がクラスの生徒に質問をしています。次の会話文中の(　　)内に入る最も適切なものを**ア～エ**のうちから1つ選び，その記号を書きなさい。(20点)　(　　)

Mr. Brown : What is the most important point of Miki's speech? Please say it in one sentence.
Student : (　　　　　　　　)
Mr. Brown : Right. That is the main point.

ア SNS sometimes makes problems but can be very useful.
イ Many students don't use SNS because they think it is a dangerous tool for communication.
ウ SNS is a great tool for business because only big companies can get a chance to sell goods.
エ Some students use SNS in a good way to get enough sleep.

入試攻略Points
(解答→別冊 p.10)

◆日本文に合うように，次の英文の(　　)内の語句を並べなさい。
・彼は一生懸命勉強することによってその試験に合格することができた。
He was able to (hard, by, the exam, studying, pass).

音楽について

時間 30分　合格点 80点　得点　点

月　日

解答➡別冊 p.10

1 次の英文は，ALT のジュディ(Judy)先生と中学 3 年生の康太(Kota)，由紀(Yuki)が放課後の英語クラブで会話をしている場面である。これを読んで，あとの問いに答えなさい。〔佐賀〕

Judy : Hi. Today's first topic is music. Did you get some information, Kota?

Kota : Yes, I did. I found interesting information in a newspaper. A question "When do you listen to music?" was asked to 100 college students in my city. Yuki, when do you listen to music?

Yuki : I listen to music while running. Well, tell me about what their answers are.

Kota : OK. Almost all of them answered that they listen to music. Only three college students answered that they don't listen to music because they have other things they want to do, for example, playing games or reading books. About two thirds of the students listen to music when they go to college.

【資料】

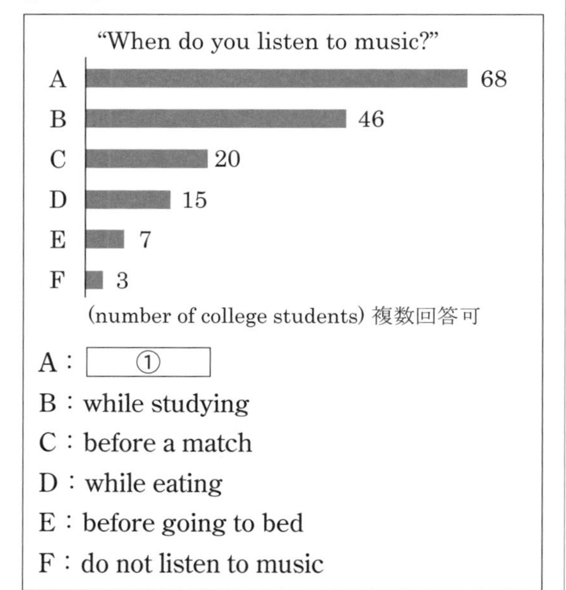

Yuki : Every morning my sister enjoys music on the bus to the college, too.

Judy : I often see college students still wear earphones after getting off the bus. It's very dangerous because they can't hear the sound of [②] on the street. We must not do that.

Kota : I see. Also, we shouldn't listen to music when we study. I think we cannot concentrate on studying if we listen to some kinds of noisy music.

Judy : Yes, but music also helps us in our lives. I often watch sports on TV. Many players listen to music with earphones before their matches. Have you ever seen ③<u>such players</u> on TV before?

Yuki : Yes, I have. Music may help us to concentrate on something important.

Kota : That's right. This information also shows that some of the students listen to music before their matches. Music makes us excited, and we can do our best.

Yuki : I see. I'll tell you another interesting story about music. My aunt likes gardening very much. She plays music in her garden every day. One day I asked her why she played music, and she answered, "Music helps plants to grow well." Do you think that is true?

Judy : That's very interesting. I think it's true. ④<u>Music is also good for our health</u>. For example, some kinds of music help us to sleep well. I sometimes listen to music before going to bed, too.

Kota : Really? I didn't know that.

Judy : Thank you, Kota. We learned a lot about music. Now, let's move on to another topic. The second topic is....

words topic 話題，トピック information 情報 while ～ ～する間に
earphone(s) イヤホン concentrate on ～ ～に集中する noisy うるさい
match(es) 試合 gardening ガーデニング move on to ～ ～に進む，～に移る

□(1) ［適文補充］ ① にあてはまる英語として最も適当なものを，次の**ア**～**エ**の中から1つ選び，記号を書きなさい。(15点) (　　)

ア on the way to college　**イ** while watching sports on TV
ウ while taking care of flowers　**エ** after getting off a bus

□(2) ［適語補充］ ② にあてはまる英語として最も適当なものを，次の**ア**～**エ**の中から1つ選び，記号を書きなさい。(15点) (　　)

ア music　**イ** games　**ウ** TV　**エ** cars and bikes

□(3) ［内容説明］下線部③は，本文中において，具体的にどのような選手であると説明されているか。日本語で書きなさい。(25点)

____

□(4) ［内容説明］下線部④は，本文中において，具体的に健康にどのような効果があると説明されているか。日本語で書きなさい。(25点)

____

□(5) ［内容真偽］本文及び【資料】の内容の説明として最も適当なものを，次の**ア**～**エ**の中から1つ選び，記号を書きなさい。(20点) (　　)

ア A few college students don't listen to music because they like to do other things.
イ About half of the college students listen to music when they eat.
ウ Kota thinks it is the best way to listen to some kinds of music while studying.
エ Yuki's aunt listens to music with earphones when she does some gardening.

入試攻略Points
(解答→別冊 p.11)

◆日本文に合う英文になるように(　　)内に適当な語を入れなさい。

(1) ここで日本語を話してはいけません。
You (　　)(　　)(　　) Japanese here.

(2) その知らせは彼女を悲しくさせました。
The news (　　)(　　)(　　).

入試重要度 A B C

幼稚園の思い出

時間 30分　合格点 80点　得点　点

解答➡別冊 pp.11 ～ 12

月　日

1 次は，高校生の美紀(Miki)が英語の授業で果物(fruit)をテーマにして書いたレポートの原稿である。英文を読んで，あとの問いに答えなさい。〔大阪〕

Every day, I eat some fruit. Kiwi fruit is my favorite fruit. I still remember how this small brown fruit became ①so. I feel something special about kiwi fruit.

When I was little, I went to a kindergarten in my town. The kindergarten had big kiwi trees in the garden. One afternoon in fall, when we were in the garden, something brown fell down from the tree. At first, I didn't know what it was. One of my friends said to our teacher, "What's this?" The teacher cut it in half and we found something green in it. The teacher said to us all, "It's a kiwi. Look! Can you see the fruit on the trees? Kiwi fruit grows like that." The trees had a lot of kiwi fruit. The teachers picked the fruit for us and everyone could bring one home. I ate it with my family at home, and it was very good. Since then, I've loved kiwi fruit.

Last October, when I was walking near my old kindergarten, I happened to see a woman who was picking kiwi fruit in the garden. That was my kindergarten teacher, Ms. Hara. She said, "I haven't seen you for a long time," and invited me into the garden. We talked and picked the fruit together. I remembered that kiwi fruit which fell down from the tree, and asked her, "[　②　] kiwi trees in this garden?"

Ms. Hara answered, "Well, in 1970, when I was seventeen, I went to the World Expo held in Osaka. I saw kiwi fruit for the first time in the New Zealand pavilion. The fruit was very interesting. Twenty years later, when I started to teach here, kiwi fruit became popular. One day, I found young kiwi trees at a store and bought some for this kindergarten. I did this because I thought it is important for the children to see how the fruit they usually eat grows. So, there are big kiwi trees here now." Her story was very nice. When she finished talking, children joined us. We showed them some kiwi fruit we picked, and the children looked happy.

If you meet something new, it'll often give you a strong impression. When Ms. Hara found kiwi fruit in the pavilion for the first time, she was really interested in the strange fruit and it became something special to her. I was also interested in the fruit which fell down from the tree in the kindergarten. Now, it's easy to find kiwi fruit at stores, and we eat fruit people in Japan didn't eat forty years ago. When I eat kiwi fruit, I sometimes remember my kindergarten days.

words brown 茶色の　kindergarten 幼稚園　garden 園庭
cut ～ in half ～を半分に切る　pick 摘み取る　happen to ～ たまたま～する
held hold(開催する)の過去分詞形　for the first time 初めて　impression 印象
strange 見慣れない

□(1)［内容説明］本文中の下線部①のsoの表している内容を述べたところが本文中にあります。その内容を日本語で書きなさい。(10点)

____

□(2)［適語句記入］本文中の［ ② ］に入れるのに適する英語3語を書き，英文を完成しなさい。(10点)

______________________________ kiwi trees in this garden?

□(3)［内容説明］本文中には，原先生(Ms. Hara)が店でキウィフルーツの苗木を見つけてそれを買った理由が述べられている。その内容を日本語で書きなさい。(15点)

____

(4)［英問英答］次の質問に英語で答えなさい。(15点×2)

□① Where did Miki eat the kiwi fruit the teachers gave her when she was little?

____

□② What was Ms. Hara doing when Miki walked near the kindergarten last October?

____

□(5)［文章整序］本文の内容と合うように，出来事が起きた順に次の**ア**～**オ**の英文を並べかえ，記号で答えなさい。(20点)　(　　)→(　　)→(　　)→(　　)→(　　)

ア Ms. Hara started to teach at the kindergarten.
イ Ms. Hara bought some young kiwi trees for the kindergarten.
ウ Miki happened to see Ms. Hara, and picked kiwi fruit with her.
エ Osaka had the World Expo in 1970, and Ms. Hara went into the New Zealand pavilion.
オ Miki's friend asked what fell down from the tree and the teacher answered, "It's a kiwi."

□(6)［内容説明］本文の内容に合うものを，次の**ア**～**エ**から1つ選び，記号で答えなさい。(15点)
(　　)

ア When Miki was in the garden of the kindergarten in her town, a kiwi fruit fell down on her face, and she cried, so she remembers it.
イ In fall, a lot of kiwi fruit in Miki's kindergarten was picked by people living next to the kindergarten and brought back to their homes.
ウ In 1970, Ms. Hara went to the World Expo in Osaka with children in her kindergarten class and found interesting things there.
エ Last October, after Ms. Hara's story about kiwi trees, Miki and Ms. Hara showed kiwi fruit to the children coming to them.

入試攻略Points
(解答→別冊p.12)

◆**日本文に合うように，次の英文の(　　)内の語句を並べかえなさい。**
・ジムがそのゲームをするのはわくわくすることだった。
It was exciting (to, the game, for, play, Jim).

入試重要度 A B C

スピーチ

時間 30分 合格点 80点 得点 点

月 日

解答➡別冊 pp.12～13

1 浩志(Hiroshi)さんは，英語の授業で資料を使って「日本語と私(Japanese language and myself)」というテーマでスピーチすることにした。次のスピーチ原稿を読んで，あとの問いに答えなさい。 〔富山〕

I'm going to talk about "Japanese language and myself."

Last fall I went to an art museum to look at beautiful Japanese characters. There I saw a lot of *kana* and *kanji* characters. I enjoyed seeing them, but there were a few *kanji* characters that I couldn't read. Look at ①this picture. This is one of them. I asked a man standing by me. "How should I read this one?" He answered, "It comes from its shape. Do you know hieroglyphics? Do you see an animal in it?" Then, I could read it. Can you read it? Don't you think it is interesting?

Do you know that our ALT, Bob studies Japanese every day? Last week I asked him, "What do you think about the Japanese language?" He answered, "I like listening to and speaking Japanese. I often use it in my life, so it's easy. But ②it is not easy for me to read and write Japanese. The Japanese language has different kinds of characters, *kana* and *kanji*. I can't use them well. I want to learn how to use them. I also feel it's very difficult to remember many *kanji* characters."

I said, "This is my way to remember the English words and sentences I use. I enjoy 2 minutes' talk with my friends in English class. At home I always write it in my notebook. Next morning I show it to my English teacher, and she corrects my sentences and tells me about them. I read the sentences she has corrected in front of her. After that I write them again and again at home. Using English words and sentences in some topics is a good way to remember them. Isn't it the same to use and remember *kana* and *kanji*?"

Then I showed him ①this picture. I told him about hieroglyphics and how to read and write it. ③The next picture helped him a lot. He found a mouth and a bird in it. He thought of the bird's action with the mouth. He said, "It's interesting to know how *kanji* was made. Thank you for showing me some useful ways to learn Japanese."

I was very happy to help him. Now I have a dream. It is to be a Japanese language teacher to teach foreign people. The Japanese language is beautiful and interesting. Learning Japanese is not so difficult. I want to tell them about these things.

words art museum 美術館　character(s) 文字　shape 形　hieroglyphics 象形文字
way 方法　2 minutes' talk 2分間トーク(ある話題についてペアで2分間話す活動)
correct 直す　sentence(s) 文　topic(s) 話題　action 行動

□(1) ［絵選択］ 浩志さんが下線部①，③で使用した資料は下のⓐ，ⓑ，ⓒ，ⓓのどれか。最も適切な組み合わせを，次の**ア〜エ**から1つ選び，記号で答えなさい。(20点)　（　　）

ⓐ 

ⓑ 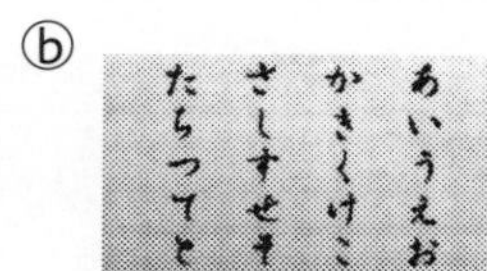

ⓒ 

ⓓ 

ア ①でⓐ，③でⓑを使用　**イ** ①でⓒ，③でⓓを使用
ウ ①でⓑ，③でⓒを使用　**エ** ①でⓐ，③でⓓを使用

□(2) ［内容説明］ ALTのボブ(Bob)先生が下線部②のように感じているのはなぜか。その理由を日本語で2つ書きなさい。(10点×2)

____

____

□(3) ［表選択］ 授業中の2分間トークで使った英語を身に付けるために，浩志さんはどのような取り組みをしているか。活動の順番と場所を表した次の**ア〜エ**の表から最も適切なものを1つ選び，記号で答えなさい。(20点)　（　　）

ア

活動の順番	場所
1　聞く 話す	学校
2　書く	学校
3　読む	家
4　書く	家

イ

活動の順番	場所
1　聞く 話す	学校
2　書く	家
3　読む	学校
4　書く	家

ウ

活動の順番	場所
1　聞く 話す	学校
2　書く	家
3　読む	家
4　書く	家

エ

活動の順番	場所
1　聞く 話す	学校
2　書く	学校
3　読む	学校
4　書く	家

□(4) ［内容真偽］ 本文の内容に合うものを，次の**ア〜エ**から1つ選び，記号で答えなさい。(20点)

ア Last fall Hiroshi went to an art museum to see a lot of pictures.　（　　）
イ It's not difficult for Bob to listen to and speak Japanese.
ウ Bob always writes Japanese sentences he uses in his class.
エ Hiroshi was very happy to speak with Bob in Japanese.

□(5) ［英問英答］ 次の質問に英語で答えなさい。(20点)

What does Hiroshi want to be?

____

入試攻略Points
(解答→別冊 p.13)

◆**日本文に合う英文になるように，(　　)内に適当な語を入れなさい。**

(1) 父は私に英語の読み方を教えてくれました。
My father taught me (　　) (　　) read English.

(2) あなたはそこへいつ行ったらよいか知っていますか。
Do you know (　　) (　　) go there?

(3) 午前中に何をしたらよいか彼に尋ねてください。
Ask him (　　) (　　) do in the morning.

入試重要度 A B C

博物館へ行こう

時間 30分　合格点 80点　得点　　点

解答➡別冊 pp.13 〜 14

1 **アメリカ合衆国に留学している久美(Kumi)さんがマイク(Mike)さんと【博物館のちらし】を見て，The Great Inventions of the 20th Century(20世紀の発明展)に行くことにした。これを読んで，あとの問いに答えなさい。** 〔滋賀〕

【博物館のちらし】

THE MUSEUM of SCIENCE HISTORY

− Special Event −　from September 1st to 30th

The Great Inventions of the 20th Century

The Inventions of the 20th century have made our lives better.

OPEN　10:00 a.m. to 6:00 p.m. (from April to September)
　　　10:00 a.m. to 5:00 p.m. (from October to March)
　　　※ Closed on Mondays and January 1st and 2nd.

Admission	Adults	$10
	Students (6-17)	$ 8
	Children (5 and under)	FREE

For more information, call the museum (123-456-789).

Will you be a member of our History Club?
If you are a member, you can ...
・take special history lessons.
・get news from the museum every month.
・get famous scientist cards.
Membership fee for a year is $20 for adults and $15 for students.

words　invention(s)　発明品　admission　入場料　adult(s)　大人
$　ドル(アメリカ合衆国の通貨単位)　membership fee　会費

□(1) ［内容真偽］**【博物館のちらし】**の内容として合っているものを，次の**ア**〜**カ**までの中から2つ選びなさい。(20点×2)　(　　)(　　)

ア The special event will be held in November.
イ The museum is open until 6:00 p.m. in July.
ウ The museum is closed only on Mondays.
エ It is 8 dollars to visit the museum if you are fourteen years old.
オ You must visit the museum to get more information.
カ The History Club will have no special lessons for members.

久美さんとマイクさんは駅で**【路線図】**を見ながら話しています。

【路線図】

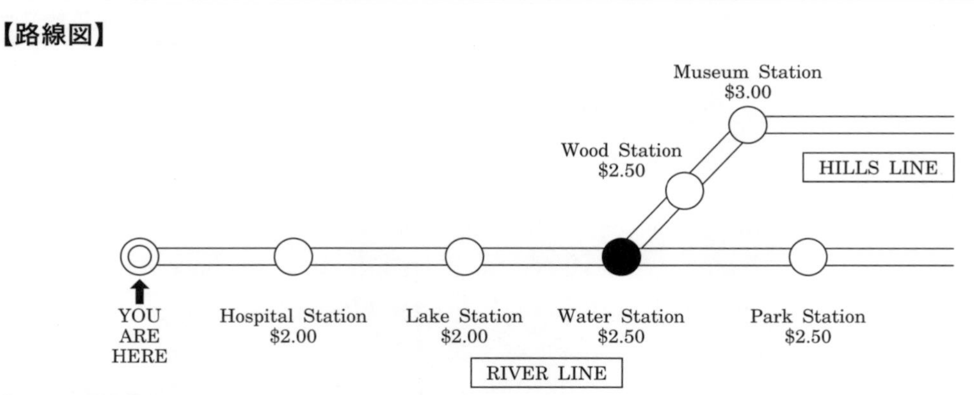

【２人の会話】

Kumi : Do you know how to get to the museum, Mike?

Mike : Yes. The ①【 is / Museum Station / nearest / to / station / the museum 】. We will change trains at Water Station. It only takes one minute to walk to the museum from Museum Station. The museum is just in front of the station.

Kumi : I see. Let's get the tickets.

Mike : Well, we can also get to the museum from Park Station. It takes about twenty minutes to walk to the museum from the station, but we don't have to [②]. The fare is cheaper, too.

Kumi : It's sunny today, so walking for twenty minutes is a good idea. How about getting off the train at [③]?

Mike : I agree. It will be great to walk through the park to the museum.

words ticket(s) 切符 fare 運賃

□(2) ［整序英作］ ①【 】内の語句を意味が通るように並べかえなさい。(20点)

□(3) ［適語記入］ [②]に入る適当な英語を，**【２人の会話】**から抜き出して書きなさい。(20点)

差がつく □(4) ［適語選択］ [③]に入る最も適当な駅名を，次の**ア～エ**までの中から１つ選びなさい。

(20点) (　　　)

ア Museum Station　**イ** Park Station

ウ Water Station　**エ** Wood Station

入試攻略Points

(解答→別冊 p.14)

◆**日本文に合うように，次の英文の(　　)内の語を並べなさい。**

・あなたはこの部屋を掃除する必要はありません。

You don't (clean, to, have, room, this).

入試重要度 A B C

チームプレイ

時間 30分　合格点 80点　得点　点

解答 ➡ 別冊 pp.14 ～ 15

1 次の英文を読んで，あとの問いに答えなさい。〔東京一改〕

Fred became a member of a baseball team for little boys when he was seven. He practiced on a field near a river. He enjoyed baseball with his teammates.

When he became a junior high school student, he joined the baseball club. One summer day the manager said to him, "Fred, pitch to me." Fred did that. The manager said, "Nice pitching! You'll be a good pitcher." Fred was very glad. He became a pitcher.

It was fun for him to pitch in games. When he pitched, his team won. But things were getting bad. He began to think the team was winning only because of him. He lost his temper when his teammates made errors. He always tried to get strikeouts, but often failed. His teammates didn't feel good. The team began to lose games. The manager said, "Remember, Fred. You're not just a pitcher. You're one of the team." The manager stopped using him.

One day Fred was sitting by the river and was deep in thought. Then he heard a voice. Someone was singing. He looked around. A girl was playing the guitar and singing. He spoke to her, "Hi, I'm Fred. That was a nice song." She said, "Thank you. I'm Jane. I wrote it. What are you doing here?" He said, "I loved baseball. But now it's not fun." He told her his story about baseball. She said, "Listen, Fred. I love singing. I write songs and visit a hospital to sing for people. They look forward to my visits. When I'm with them, they look happy. I'm happy, too." He felt something warm in his heart. He wanted to be like her and told that to her. She said, "I think you can. Look, those little boys are playing baseball on the field over there. How about teaching them? They'll be glad." He said, "Will they? OK, I will."

He walked to the field and asked a little boy, "Can I join you?" The boy smiled and answered, "Sure!" Fred taught the boys how to throw, catch, and hit balls. Each boy was enjoying baseball. He thought, "They're sharing a good time. I was like them when I was little." In the evening, a boy smiled and said to him, "We had a very good time today. Please come to teach us again." He looked around. Everyone was smiling. He said to the boys, "I had a very good time, too. See you." Then he left the field.

That night Fred remembered Jane's words and thought, "Doing favorite things can make people happy." And then he thought about the boys. He thought, "They shared a very good time together through baseball. Now I understand what the manager meant."

The next day he said to his teammates, "I'm so sorry. I was selfish. I want to enjoy baseball with you. I'll try my best to pitch well." The manager smiled and listened. After that Fred practiced very hard with his teammates. They began to accept him.

The manager gave Fred a chance to pitch in a game again. The little boys came to watch him. He tried his best for everyone. He pitched through the game and his team won. Everyone was glad and came to him. He was really happy. He felt that sharing a good time with people around him was wonderful. He looked up at the blue sky. Just then there was a girl's voice, "Nice pitching! " He looked back and saw Jane. She was smiling.

words field 野球場　teammate(s) チームメイト　manager 監督　pitch 投球する
only because of ～ ～だけで　lose his temper 腹を立てる　make errors エラーをする
strikeout(s) 三振　fail 失敗する　be deep in thought 物思いにふける　voice 声
look forward to ～ ～を楽しみに待つ　share 共有する　selfish 自分勝手な
accept 受け入れる

□(1)［適文選択］下線部の内容を次のように書き表すとすれば，□に適するものを，**ア～エ**から１つ選び，記号で答えなさい。(15点)　(　　)

□, and then the manager stopped using him.

ア Fred became selfish, the team began to lose games
イ Fred's teammates became selfish, he didn't feel good
ウ Fred pitched well, his teammates didn't make any errors
エ Fred's teammates felt the team was winning only because of him

□(2)［文章整序］次の**ア～エ**の文を，本文の内容にそって並べかえ，記号で答えなさい。(25点)
(　　)→(　　)→(　　)→(　　)

ア Fred said sorry to his teammates.
イ Fred told Jane his story about baseball.
ウ Fred wanted to be like Jane and told that to her.
エ Fred joined the little boys and taught them how to play baseball.

□(3)［適文選択］次の□に入る最も適切なものを，**ア～ウ**から１つ選び，記号で答えなさい。
(20点)(　　)

One summer day □, and that made Fred very glad.

ア Fred's teammates asked him to be a pitcher
イ the manager told Fred to join the baseball club
ウ the manager said that Fred would be a good pitcher

(4)［英問英答］次の質問に英文で答えなさい。(20点×2)

□① Where did Fred meet Jane for the first time?

____

□② What did Fred think when he remembered Jane's words that night?

____

入試攻略Points
(解答→別冊p.15)

◆右の英文の(　　)内の動詞を適当な形にかえなさい。
・How about (go) to see animals in the zoo?

14 時間目

入試重要度 A **B** C

職場体験

時間 30分
合格点 80点
得点　　点

解答➡別冊 pp.15 ～ 16

月　日

1 work experience(職場体験)に関する次の英文を読んで，あとの問いに答えなさい。〔埼玉〕

Yuko is a junior high school student. Last summer all the students in her class had work experience for five days. They worked at libraries, stations, schools, and so on. Yuko worked at Aoba Nursery School. She took care of three-year-old children. Before working she thought that the work at a nursery school was just to play with small children and very easy. But after she began to work, she found that she was wrong.

On the first day, Yuko tried to communicate with the children in the class. She saw a boy reading a picture book. She went to him and said, "Let's read the book together." He looked up at her, but didn't say anything. Soon he looked down and started to read the book again. Then she asked, "What are you reading? Is the book interesting?" He looked up at her again. This time she smiled to him. Suddenly he ran away from her. She was very shocked. "What did I do? Did I do something bad to him?"

It was time for lunch. The children in the class sat down and began to eat lunch. When they finished eating lunch, Yuko was very shocked to see the room. There was food and milk everywhere. The children did it because they couldn't eat and drink very well. She had to clean the room. She was very tired.

On the next day, when Yuko was playing with the children in the room, a boy tried to get a book from a girl's hand. The girl pushed the boy and said, "No. Stop it!" The boy began to cry. Yuko ran to the girl and said, "Don't do that! It is very dangerous." Then the girl also began to cry. Yuko didn't know what to do.

When Yuko was in trouble, the teachers at the nursery school always helped her. A teacher said, "Because small children can't communicate well with others like us, teachers have to watch them carefully and try to understand what they are thinking and what they want to do." She also said, "The work at a nursery school is very difficult, but I love this work because the children give me a lot of energy."

On the last day, when Yuko was cleaning the room, a boy came to her and said, "Please read this book to me, Yuko-*sensei*." She was very happy because he was the boy who ran away from her on the first day. She said to him, "Of course! Let's read together."

When Yuko finished the five days, she felt that working at Aoba Nursery School was really a good experience for her. The work was very difficult, but the teachers and the children there taught her a lot of things, and they gave her a lot of energy too. Now she is studying very hard to become a nursery school teacher in the future.

words　experience 体験，経験　～ and so on ～など　nursery school 保育園
communicate 気持ちを伝え合う　shocked ショックを受けて　everywhere いたるところに
pushed ～ ～を押した　dangerous 危険な　in trouble 困って　energy 力，エネルギー

(1) ［適文選択］本文の内容に合うように，次の①と②の英文に続けるのに最も適切なものを**ア**～**エ**から１つずつ選び，記号で答えなさい。(20点×2)

□① On the first day at Aoba Nursery School,

ア Yuko and a boy read a picture book together.
イ Yuko and a boy cleaned the room together.
ウ Yuko tried to clean the room, but she couldn't.
エ Yuko tried to read a picture book with a boy, but she couldn't.　(　　)

□② After lunch Yuko was very shocked because

ア she found the children crying in the room.
イ she had to play with the children.
ウ she had to read a lot of picture books.
エ she found food and milk everywhere in the room.　(　　)

□(2) ［英問英答］次の質問に英語で答えなさい。(20点)

What did the teachers at the nursery school always do when Yuko was in trouble?

____

□(3) ［内容説明］保育園での最終日，Yuko にとってとてもうれしかったできごとは何か。具体的に日本語で書きなさい。(20点)

____

□(4) ［適語記入］次の英文は，本文の内容をまとめたものである。次の(　①　)～(　④　)にあてはまる英語を，１語ずつ書きなさい。(5点×4)

Before working at the nursery school, Yuko thought that (　①　) with the children was the only work there. But after she began to work at Aoba Nursery School, she found that the work there was very (　②　) because the teachers had to do a lot of things to take care of the children.

She (　③　) a lot of things from the work experience there and now her (　④　) is to become a nursery school teacher.

① ________　② ________
② ________　④ ________

入試攻略Points
(解答→別冊 p.16)

◆日本文に合うように，次の英文の(　　)内の語句を並べかえなさい。

・父は私にたくさんの本をくれました。
My father gave (a lot of, books, me).

月　日

15 時間目

入試重要度 A B C

新しい発電方法

解答➡別冊 pp.16～17

時間 30分　合格点 80点　得点　点

1 次の文章を読んで，あとの問いに答えなさい。〔愛知〕

These days, more and more people around the world are thinking about how they produce electricity without destroying their environment. So new technologies and cooperation between countries have become more important. Let's share three stories to learn the fact.

In 2016, Portugal tried a test for energy. They used only renewable energy such as wind, water, and sunlight. They could produce all the electricity that was necessary for the whole nation. Now, the government and companies are (A) together to make some new power plants, such as a wind power plant. They want to use more renewable energy because the energy can save oil and protect the environment. The people think using renewable energy is [①]. Their goal is to stop pollution, have more energy, and get economic growth.

In Hungary, a small company is trying a different plan for producing electricity. Instead of building big power plants, they are thinking about something much smaller. The company is designing solar panels made from old plastic bottles. It is a smart way of recycling garbage to build a better future. Twenty square meters of these solar panels can make enough electricity for one house. If your house has them, your family does not have to use the electricity from big power plants. ②This small technology can【 big / solve / used / to / be / problems 】.

Some countries are helping each other to use renewable energy. Kenya has built geothermal power plants with the help of Japan. These power plants use the heat of the earth. Japan has shown the engineers in Kenya how to build these plants and taught them how to use them. Kenya has set a goal of increasing the electricity the plants can make. It will be a challenge, but they are hoping to reach this goal in the future. With Japan's help, the people of Kenya are trying hard for the economic growth of their country, too. This kind of international help is important when many countries understand global problems and build a better world.

There are various kinds of renewable energy, and countries around the world are trying to use them in a better way. Portugal, Hungary, and Kenya are good examples. Now many countries are doing their best to create newer technologies, and have better cooperation for their brighter future.

words　cooperation 協力，協働　Portugal ポルトガル　power plant 発電所
economic 経済の　Hungary ハンガリー　solar panel 太陽電池パネル
Kenya ケニア　geothermal power plant 地熱発電所

□(1)［適語記入］(A)にあてはまる最も適当な語を，次の5語の中から選んで，正しい形にかえて書きなさい。(20点)

stop	take	blow	work	sell

□(2) [適文補充] ① にあてはまる最も適当な英語を，次のア～エまでの中から１つ選んで，記号で答えなさい。(20点) (　　)

ア not good for the environment because many people use oil

イ much better for protecting the environment than burning oil

ウ not a good example of using wind, water, and sunlight

エ dangerous because renewable energy facilities cannot save oil

□(3) [語句整序] 下線②のついた文が，本文の内容に合うように，【　】内の語を正しい順序に並べかえなさい。(20点)

This small technology can ______________________________.

□(4) [内容説明] 本文中では，ケニアの再生可能エネルギーについてどのように述べられているか。最も適当なものを，次のア～エまでの文の中から１つ選んで，記号で答えなさい。(20点) (　　)

ア Kenya is working with a small company to put solar panels on every house.

イ Kenya has built several new wind power plants with the help of Japan.

ウ Kenya is buying a lot of plastic bottles from Japan to build their power plants.

エ Kenya has built power plants with Japan to use renewable energy.

□(5) [内容真偽] 次のア～カまでの文の中から，その内容が本文に書かれていることと一致するものを全て選んで，記号で答えなさい。(20点) (　　)

ア New technologies are important but cooperation between countries is not important.

イ In Portugal, the government and companies are trying to stop pollution and create energy.

ウ Portugal decided to use more energy, have more pollution, and get more economic growth.

エ A small company in Hungary is making solar panels from plastic bottles.

オ Japan has helped the engineers in Kenya to learn how to use geothermal power plants.

カ Countries around the world have found a better way to go without renewable energy.

入試攻略Points
(解答→別冊 p.17)

◆日本文に合う英文になるように，(　)内に適当な語を入れなさい。

(1) その問題は将来解決されるでしょう。
That problem (　)(　)(　) in the future.

(2) 美しい山がわたしの部屋から見えます。
Beautiful mountains (　)(　)(　) from my room.

(3) この仕事は彼によってなされなければならない。
This job (　)(　)(　) by him.

月　日

総仕上げテスト ①

時間 30分　合格点 80点　得点　点

解答➡別冊 pp.17～19

1 **発酵食品(fermented foods)に関する次の英文を読んで，あとの問いに答えなさい。**

〔都立戸山一改〕

What did you eat for breakfast this morning? Bread with cheese, or rice with *natto* and *miso* soup? And yogurt for dessert? Bread, cheese, *natto*, *miso* and yogurt. Do you know that all of them are fermented foods? Soy sauce, beer, wine, and *kimuchi* are also fermented foods. There are really many kinds of them around the world. Then, (1)[ア people　イ long　ウ fermented foods　エ have　オ how　カ eaten]? How are they made? What is special about them?

People have eaten fermented foods for a very long time. Some of them, for example, beer and wine, were already made more than five thousand years ago! To people who lived such a long time ago, fermented foods were very important because they could preserve them longer than other food. Today we have refrigerators to preserve food, but they didn't have such useful things. They found many different ways to preserve food, and fermenting food was one of them.

Then, how did people find the ways to ferment foods? You may be surprised, but many fermented foods were made by accident! For example, there are some stories which show how people found *natto*. One story is told like this. One day, Minamoto no Yoshiie and his soldiers were on a trip to the Tohoku area. When the soldiers were boiling soybeans for their horses, they were suddenly attacked by other groups of soldiers. When they ran away, they carried those soybeans in some straw bags. [(2)]

The thing which happened to them is fermentation. In fermented foods, "good" micro-organisms are working to do some good things for people. There are also "bad" micro-organisms for people, and when some of them come into food, it soon begins to go bad. When fermentation happens, there are more and more good micro-organisms and they stop "bad" micro-organisms from coming into food. Because of this, people can preserve the food for a long time, and it tastes better and becomes nutritious. Now remember the story of Yoshiie and his soldiers. In the straw bags they carried, there were many [(3)-a] micro-organisms which caused the fermentation.

The things which good micro-organisms do for us are the special things about fermented foods. First, we can preserve them for a long time. Think about milk and cheese. Which of them can you preserve longer? Of course, it's cheese. Cheese is a fermented food made from milk. Milk goes bad [(3)-b] than cheese. Second, fermented foods have peculiar —good, strong, or even strange—smells and tastes. Some people like fermented foods because of them. Third, fermented foods are very good for our bodies. [(4)]

Are you becoming interested in fermented foods? Here you have learned [(5)]. There are many other fermented foods in our country and around the world. Why don't you study for yourself about some other fermented foods? For example, have you ever heard of *kusaya*? It's a traditional Japanese food. Where and how is it made? How does it taste? It's both interesting and important to learn about our food culture and its history.

words bread パン　soy sauce しょう油　preserve ～を保存する　refrigerator 冷蔵庫
ferment ～を発酵させる　by accident 偶然に　Minamoto no Yoshiie 源義家(1039～1106)
soldier(s) 兵士　boil ～をゆでる　soybean(s) 大豆　attack ～を攻撃する
straw bag(s) わらの袋　fermentation 発酵　micro-organism 微生物　go bad 腐る
nutritious 栄養価の高い　cause ～を引き起こす　peculiar 独特な
smell(s) and taste(s) 匂いと味　history 歴史

□(1) (1)[ア people イ long ウ fermented foods エ have オ how カ eaten]? とあるが，対語の流れに合うように[ ]内の語句を並べかえなさい。そして，並べかえられたものの最初から数えて2番目と4番目の語句を記号で答えなさい。(20点)

2番目( ) 4番目( )

□(2) [(2)]の中には次の①～④の文が入る。本文の流れに合う最も適切な順序の組み合わせは，下の**ア**～**カ**のうちではどれか，記号で答えなさい。(10点) ( )

① At first they worried about eating them. But when they ate them, they liked them.
② When they opened the bags a few days later, they found some change in the soybeans.
③ At that time, they did not know what happened to the soybeans in the straw bags, but today we know it.
④ So, they gave them to Yoshiie, and he also like them.

ア ①－③－②－④
イ ②－①－④－③
ウ ③－②－①－④
エ ①－②－④－③
オ ②－③－①－④
カ ③－①－④－②

□(3) [(3)-a]及び[(3)-b]の中に，本文の流れに合うように英語を入れるとき，最も適切な組み合わせは，次の**ア**～**エ**のうちではどれか，記号で答えなさい。(20点) ( )

	(3)-a	(3)-b
ア	good	faster
イ	good	more slowly
ウ	bad	faster
エ	bad	more slowly

差がつく □(4) [(4)] の中に，次の資料から読みとった内容を，文章の流れに合うように入れるとき，最も適切なものは，下の**ア〜エ**のうちではどれか，記号で答えなさい。(20点)　(　　　)

【資料】

	Protein（タンパク質）	Calcium（カルシウム）	Vitamin K（ビタミンK）	Vitamin B_2（ビタミンB_2）
boiled soybean（ゆで大豆）	16.0g	70mg	7μg	0.09mg
natto（納豆）	16.5g	90mg	600μg	0.56mg
milk（牛乳）	3.3g	110mg	2μg	0.15mg
cheese（チーズ）	28.9g	660mg	14μg	0.42mg

注1　各数値は100gあたりの量を示しており，μgは1000分の1mgを表す。
注2　チーズには様々な種類があるため，ここではエダムチーズを例として挙げている。
（文部科学省　科学技術・学術審議会　資源調査分科会『五訂増補 日本食品標準成分表』より作成）

ア For example, *natto* is the best food if you need to take calcium. *Natto* has more calcium than milk and cheese.

イ For example, *natto* is more nutritious than boiled soybean. *Natto* has more vitamin K and vitamin B_2 than boiled soybean.

ウ For example, *natto* has many kinds of vitamins which other food does not have at all. Vitamin K is one such example.

エ For example, *natto* has more Vitamin K and Vitamin B_2 than milk, but milk has more protein than *natto*.

★重要 □(5) [(5)] の中に，本文の流れに合うように英語を入れるとき，最も適切なものは，次の**ア〜エ**のうちではどれか，記号で答えなさい。(10点)　(　　　)

ア why many people don't like fermented foods
イ how people learned the best ways to make fermented foods
ウ the history of fermented foods and the good things they do for us
エ the problems about fermented foods and their future

★重要 □(6) 本文の内容と合っている文を，次の**ア〜オ**の中から2つ選び，記号で答えなさい。
(10点×2)(　　　)(　　　)

ア People began to make fermented foods just five thousand years ago.

イ A long time ago, it was too difficult to find ways to preserve food.

ウ Yoshiie's soldiers found out that their soybeans were already fermented before running away.

エ When good micro-organisms are working in food, it is difficult for bad micro-organisms to get into the food.

オ There are some fermented foods with strange smells, but some people like them because of the smells.

総仕上げテスト ②

時間 30分
合格点 80点

解答➡別冊 pp.19 ～ 20

1 中学生の悠太(Yuta)さんが，最近考えたことを英語版学校新聞の記事(article)にした。グラフ(graph)と英文を読んで，あとの各問いに答えなさい。〔石川〕

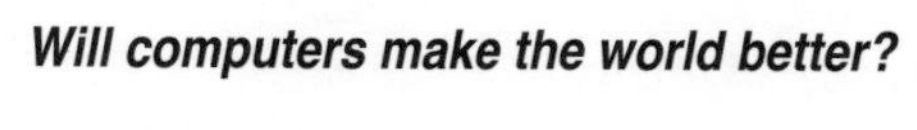

Will computers make the world better?

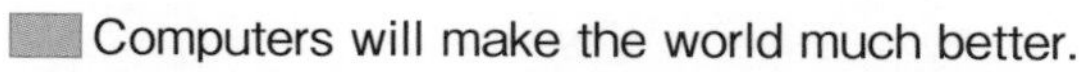

- Computers will make the world much better.
- Computers will make the world a little better.
- Computers will take something away from us.
- Computers will take many things away from us.

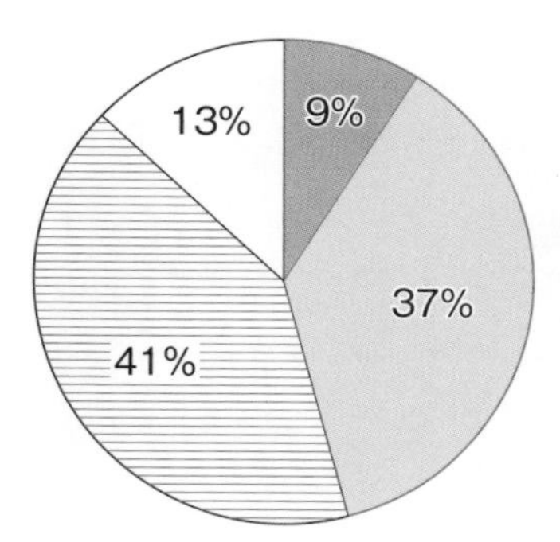

Look at this graph. This graph shows what the students of our junior high school answered to the question, "Will computers make the world better?" More than 40% of the students think they will live better lives in the future because of computers. On the other hand, about half of the students think they will lose something or many things if they keep using computers. ①<u>What is your answer to the question?</u> If computers do not make us happy, what else can?

My friend, ②<u>Tong</u>, thinks computers will bring us a better world. Tong is a university student from Cambodia. Tong studies computer programs at a university in Tokyo. Last summer he spent a week at my home. [あ] his stay, I asked him a question, "Why did you decide to study in Japan?" Tong answered, "In my country, Japan is famous for computer technology. I wanted to come to Japan to study and make a useful robot for the people of the world." When I heard his answer, I was surprised to know that he had such a big dream. "I can't imagine that I will be a person who makes something useful for people around the world," I said to myself, and asked him, "Do you believe you can do that?" Tong thought for a while and said, "If I study hard, I can do it! I will be able to make an elderly care robot controlled by a computer program. Elderly care robots are robots which can take care of old people!" In the future we will have to take care of more old people with fewer young people than now. Many countries have to solve this problem. So, Tong decided to make such useful robots for the future of the world. "There will be many different kinds of robots in the near future. You will be able to ask them to ③<u>do anything you want</u>," he said.

[い] first I couldn't imagine there would be such useful robots in the future. "Will it be possible for robots to do things like taking care of old people?" I asked Tong. Then, my father came to us and told us about Alan Kay. Alan Kay is a computer scientist and some people call him 'The Father of Personal Computers.'

Alan Kay has realized his dream to make a small and cheap computer. After I heard the story of Alan Kay, I said to Tong, "Someday you, too, will develop computer programs for the robots that you are now trying to make!" He looked very glad.

Now I believe that computers will bring us a much better world. Imagine a future world. What will the world be like in 2050? In the year 2050, you and I will be over forty years old. Maybe we will live in a different world from now. Alan Kay said, "The best way to predict the future is to invent it." I want to become someone like Tong and bring a bright future to the people of the world. I'll be happy if you begin to think of something for a brighter future after you read my article. What can you do to make the future of the world better?

words Cambodia カンボジア controlled by ～ ～によって制御される
predict ～を予測する invent ～を発明する

□(1) 下線部①について，あなたなら何と答えますか。理由も含め，1文の英語で具体的に書きなさい。(15点)

重要 □(2) 下線部②について次のようにまとめる場合，(A)～(C)に入る語として，下の**ア～カ**から最も適切なものをそれぞれ1つ選び，その記号を書きなさい。(5点×3)

Tong is a student from Cambodia studying computer programs in Japan. He wants to (A) new programs for useful robots to help the people of the world. Now he is trying to develop robots (B) help old people. There will be fewer young people to take care of them, so he believes his robots will become (C) for our future.

ア make **イ** necessary **ウ** need
エ quick **オ** what **カ** which

A( ) B( ) C( )

□(3) [あ], [い] の中に入る語の組み合わせとして，次の**ア～エ**から最も適切なものを1つ選び，その記号を書きなさい。(10点) ( )

ア **あ** During **い** At **イ** **あ** During **い** In
ウ **あ** While **い** At **エ** **あ** While **い** In

□(4) 下線部③について，あなたなら，英文で述べられていること以外に何をしてもらいたいですか。1文の英語で具体的に書きなさい。(15点)

差がつく □(5) [　　] の中には次の**ア**〜**エ**が入ります。文章の意味が通じるように最も適切な順に並べ替え，その記号を書きなさい。(15点)　(　　)→(　　)→(　　)→(　　)

ア At that time, he couldn't imagine that everyone would use a computer at work or at home.

イ His studies went very well and now a lot of people can buy a personal computer and even children can use it.

ウ So, he tried hard to develop computer technology to make computers smaller and less expensive.

エ When he was a child, computers were really big and expensive.

□(6) 次の**ア**〜**エ**のうち，グラフ及び英文の内容に合うものを１つ選び，その記号を書きなさい。(10点)(　　)

ア The graph shows more than half of the students in Yuta's school think computers are useful for the world.

イ Tong stayed in Japan for a week and studied computer technology.

ウ Yuta's father is called 'The Father of Personal Computers' and taught a lot of things about computer technology to Tong.

エ Tong encouraged Yuta to do something for the people of the world.

差がつく □(7) 悠太さんの記事を読んで，ある生徒が，学校新聞へ投稿するための英文を書くことにしました。あなたがその生徒なら何と書きますか。下線部に，４文以上のまとまりのある英文を書き，投稿文を完成させなさい。(20点)

Thank you, Yuta. You gave us a good chance to think about the future. I cannot make robots like Tong, but I came up with a new idea to make the future better.

____

____

____

____

____

____

In this way we can make the world better.

試験における実戦的な攻略ポイント５つ

① 問題文をよく読もう！

問題文をよく読み，意味の取り違えや読み間違いがないように注意しよう。
選択肢問題や計算問題，記述式問題など，解答の仕方もあわせて確認しよう。

② 解ける問題を確実に得点に結びつけよう！

解ける問題は必ずある。試験が始まったらまず問題全体に目を通し，自分の解けそうな問題から手をつけるようにしよう。
くれぐれも簡単な問題をやり残ししないように。

③ 答えは丁寧な字ではっきり書こう！

答えは，誰が読んでもわかる字で，はっきりと丁寧に書こう。
せっかく解けた問題が誤りと判定されることのないように注意しよう。

④ 時間配分に注意しよう！

手が止まってしまった場合，あらかじめどのくらい時間をかけるべきかを決めておこう。解けない問題にこだわりすぎて時間が足りなくなってしまわないように。

⑤ 答案は必ず見直そう！

できたと思った問題でも，誤字脱字，計算間違いなどをしているかもしれない。ケアレスミスで失点しないためにも，必ず見直しをしよう。

受験日の前日と当日の心がまえ

前日

- 前日まで根を詰めて勉強することは避け，暗記したものを確認する程度にとどめておこう。
- 夕食の前には，試験に必要なものをカバンに入れ，準備を終わらせておこう。
  また，試験会場への行き方なども，前日のうちに確認しておこう。
- 夜は早めに寝るようにし，十分な睡眠をとるようにしよう。もし翌日の試験のことで緊張して眠れなくても，遅くまでスマートフォンなどを見ず，目を閉じて心身を休めることに努めよう。

当日

- 朝食はいつも通りにとり，食べ過ぎないように注意しよう。
- 再度持ち物を確認し，時間にゆとりをもって試験会場へ向かおう。
- 試験会場に着いたら早めに教室に行き，自分の席を確認しよう。また，トイレの場所も確認しておこう。
- 試験開始が近づき緊張してきたときなどは，目を閉じ，ゆっくり深呼吸しよう。

高校入試15時間完成

解答・解説

英語長文【実戦】

1時間目 本が教えてくれること

解答（pp.4〜5）

1 (1) ① **His mother**
② **a baseball player**
(2) ①**カ** ②**オ** ③**ア**
(3) **僕は，本のない生活なんて考えられなかった。**
(4) 例 **事故で入院した後，困難を抱えている人たちのために活動したこと。（31字）**
(5) **エ**

解説

1 (1)①「真人が幼い男の子だったころ，誰が夜，彼に本を読んであげましたか。」 第2段落に「母がいつも寝る前に読んでくれた」と書いてある。
②「何が真人の人生の見方を変えましたか。」第4段落最後の行に「その本が僕の人生の見方を変えた」と書いてある。その本とは野球選手の伝記である。
(2)「僕は今日初めて，真人と図書室で会いました。彼はそこで図書室ニュースを見ていました。僕は彼に読んで楽しかった本について話しました。彼はその本に興味を持ち，その本を借りました。僕は彼がその本を好きになってほしいと思います。」
①第3段落の2〜3行目 when I was 〜 から，図書室で会ったとわかる。
②第3段落の2〜3行目 when I was reading the library news と書いてある。
③第3段落の最後の2行，I liked that 〜 borrow it. からその本に興味があったことがわかる。
(3)第2段落に真人さんがどれだけ本が好きだったかが書かれている。一番強い思いがI couldn't think 〜 without books. である。
(4)第4段落にあるように，野球選手が事故で入院した後，病気の子どもたちに野球観戦チケットをあげたり，貧しい国々で野球を教えてあげたりというような，困難を抱えている人たちのための活動をしたと知ったからである。
(5)**ア**「章雄は私の親友です。」，**イ**「私はある野球選手に感動しました。」，**ウ**「新しいことを学ぶことはおもしろいです。」，**エ**「本を読むことはすばらしいことです。」 **ア〜ウ**は本文中の細かい内容を示している。本文で真人が言いたいことは，最終段落に集約されており，その内容を要約すると**エ**が最も適当と考えられる。

!ここに注意 不定詞には副詞的用法「〜するために・〜して」・形容詞的用法「〜するための」・名詞的用法「〜すること」がある。
［例］ I have time to read.「私は本を読む(ための)時間がある。」(形容詞的用法)

全文訳

約6か月前，僕は図書室ニュースで友達の章雄の写真を見ました。それは図書室の前にありました。彼は手に1冊の本を持って笑っていました。当時，僕はあまり本を読んでいませんでしたが，その日からまた読書を楽しみ始めました。これから，そのわけをお話しします。

僕が小さかったころ，母はいつも僕が寝る前に，僕に本を読んでくれました。それらは僕にとって興味深かったです。小学校のとき，僕は教室で本を読むことが好きでした。また，図書室に行くことも楽しかったです。僕は1週間に3，4日は，そこで物語，図鑑，そして新聞を読んで過ごしました。僕は，本のない生活なんて考えられませんでした。

いつ僕は楽しんで本を読むことをやめたか。それは僕が中学生になってからでした。野球部員は毎日，たくさん練習するので，僕は本を読む時間がありませんでした。僕が6か月前，図書室ニュースを読んでいたとき，章雄は僕を見かけて，「今まできみをここで見たことがなかったよ」と言いました。それから，彼は図書室に入って行きました。僕も入りました。彼は1冊の本を僕に見せて，「この本はとてもおもしろいんだ。きみも気に入ると思うよ。」と言いました。僕はその本を見て，心の中でつぶやきました。「毎日，章雄は僕と遅くまで野球の練習をしているけれど，まだ彼は本を読む時間を見つけている。彼はたくさんの本を読むんだなあ！」と。その本はある野球選手の伝記でした。僕はその野球選手が大好きだったので，それを借りることに決めました。

今，僕は本当にその物語が大好きです。その野球選手は世界中の人々をわくわくさせました。それから，ある日彼は交通事故にあい，病院に10か月入院しました。これは彼の人生を変えました。彼は困難を

ひっぱると，はずして使えます。

抱えている人々を助けようと決めました。彼は野球のチケットを病気の子どもたちにあげました。彼は貧しい国々で野球を教え始めました。僕は彼の人生に感動しました。僕は彼について読む前から，その選手が好きでしたが，今は前よりも彼のことが好きです。僕たちは困難を何か良いことに変えることができるのです。その本は僕の人生の見方を変えました。

僕はたくさんの良い本を見つけ，それらは僕にたくさんのことを教えてくれています。新しいことを学んだり，たくさんの異なる人生の見方を知ったりすることは興味深いです。また，日常の生活で僕たちが決してできないことについて読むことはわくわくします。あなたたちは図書室に行くべきです。たくさんの興味深くてわくわくする本が，あなたたちをそこで待っています。

入試攻略Points

対策

(1)(Yumi) **stopped calling** (her friend.)

(2) **Listening to music** (is fun.)

動名詞は，動詞の ing 形(現在分詞と同じ形)で名詞の働きをする。1. stop ～ing は「～することをやめる」という意味。stop to ～は「～するために立ち止まる」で，stop の後に動名詞がくるか，to 不定詞がくるかで意味が異なるので注意。

2時間目 駅の清掃活動

解答 (pp.6～7)

1 (1) **Hurry up, or you'll be late for school.**

(2) ② **(ケン，サトル，ヒトミの) 3人が来週の土曜日も駅の清掃に来るということ。**

③ **スズキさんが植木鉢を持っていたこと。**

⑥ **スズキさんに花のお礼を言うために，彼女の家を訪ねること。**

(3) **イ**

(4) **ウ**

(5) **many beautiful flowers**

解　説

1 (1)接続詞 or を使って，〈命令文, or ～〉の形にして，「早くしなさい，さもないと学校に遅れますよ。」という文にする。

注意 〈命令文, and ～〉は「…しなさい，そうすれば～」。

(2)② that は前の文でケンが言ったこと(次の土曜日も3人で来るということ)を指している。

③ケンにはいつも怒っていて，怖い印象しかなかったスズキさんが，植木鉢を持っていたので，信じられなかった。

⑥前の文のケンの言ったことに対して，サトルとヒトミが「そうしましょう。」と同意している。

(3)空所④の前の話から，一人暮らしのスズキさんにとって，もっと庭の花をたくさんの人に見て楽しんでほしいという気持ちがうかがえるので，イが正解。

ⓘここに注意 **want ... to ～「…に～してほしい」**

I want him to read the book.

「私は彼にその本を読んでほしい。」

(4)その後のサトルとヒトミの答えが，"Yes. Let's do it."であることから，ケンが「～しましょうか」と誘っていることがわかる。

注意 Shall we ～?「～しましょうか?」

(5)「なぜスズキさんは子どものころに駅に行くのが好きだったのですか。」に対する答えを書く。本文の最後の段落のスズキさんの"When I was a child ... go there."からわかる。

全文訳

ケンはある小さな町の中学生である。毎朝，彼は友達のサトル，ヒトミといっしょに学校へ行く。学校の近くには大きな家があり，そこに1人の老婦人が住んでいる。彼女の名前はスズキ(さん)で，彼女はしばしば家の前に立って，彼らに向かって叫ぶ。「急ぎなさい。あなたたちは学校に遅れますよ。」と。彼女はいつも怒っているように見え，彼らは彼女を怖がっている。

ある土曜日の朝，ケンの学校の生徒たちは町の清掃活動に参加した。ケンはサトル，ヒトミといっしょに駅を掃除しに行った。駅長のゴトウさんは「この駅はとても古いんだ。だから私たちは駅をきれいにするために2，3日必要なんだ。」と言った。ケンは「僕たちはここに来週の土曜日も来ます。」と答えた。「それを聞いてとてもうれしいよ。」とゴトウさんは言った。

ヒトミがベンチを掃除しているとき，彼女はその近くでいくつかの植木鉢を見つけた。たくさんの花が鉢の中にあった。「わあ，とてもきれいだわ。」と彼女は言った。ゴトウさんが言った，「誰かが毎週，ここに植木鉢を運んでくるんだよ。この駅に来るたくさんの人たちがそれらの花が好きだと言っている。」と。

次の土曜日，彼らは再び駅に行った。もう1つ植木鉢があった。彼らは「誰がここに(植木鉢を)持ってきたのかな?」と考えた。

2，3週間後，ケンは朝早く学校に行くところだった。

駅の近くに来たとき，彼はベンチの近くで１人の老婦人を見た。彼女は植木鉢を手に持っていた。彼は驚き，そして「信じられない。」と思った。彼は少し怖かったが，彼女に話しかけに行った。「おはようございます，スズキさん。僕の名前はケンです。あなたが毎週，ここに花を持ってくるのですか？」「はい，そうですよ。私はこの駅が大好きなの，なぜなら私は長い間ずっとここを利用しているからね。私は多くの人たちにもこの駅が大好きであってほしいの。」「あなたはあれらの花を買っているのですか？」とケンは尋ねた。「いいえ。私の庭にはたくさんの種類の花があるのよ。でも私は１人で住んでいるから，花を楽しめるのは私，たった１人。もし花を駅に持っていけば，多くの人たちが楽しむことができるわ。」

学校で，ケンはサトルとヒトミにスズキさんのことを話した。サトルは言った，「僕たちは彼女がとてもやさしいことを知らなかったね。」と。「そのとおりね。彼女は１人で住んでいるから，たぶん誰かと話したいのよ。」とヒトミは言った。ケンは，「花のお礼を言いに彼女の家に行ってみない？」と言った。サトルとヒトミは言った，「うん。そうしよう。」と。

次の日，彼らは彼女の家に行った。彼女はとても喜び，駅について彼らに話をした。「私が子どもだったとき，駅のまわりにたくさんのきれいな花を見たの。それで私はそこ〔駅〕に行くのが好きだったのよ。」彼女は駅についてさらに話した。彼らはとても楽しい時間を過ごした。彼らがスズキさんの家を出る前，彼女は笑って言った。「私の庭の花は私に新しい友達を運んできてくれたわ。」と。

入試攻略 Points

対策

(1)(I) **have studied** (English) **for** (three years.)
(2)(He) **has lived** (in America) **since** (2003.)

現在完了は〈have〔has〕＋動詞の過去分詞〉の形で表し，次のような意味がある。

- 継続…「～している」
- 経験…「～したことがある」
- 完了・結果…「～してしまった，～したところである」

3時間目　祖父の笑顔

解答（pp.8～9）

1
(1) ⓐ **biggest**　ⓑ **seen**　ⓒ **taught**
(2) ① **Kenta's grandfather did.**
② **Because they wanted to talk to their grandfather very often. / To talk to their grandfather very often.**
(3) **理科の問題集を毎日２ページずつするということ。**
(4) **イ**
(5) **私は，きみたちが私に何をしてくれたか本当によくわかっているよ。私は毎日家族と話そう。私も約束を守るよ。**

解説

1 (1)ⓐ of all は「すべての中で」なので最上級が入る。big の最上級は g を重ねて est をつける。
ⓑ前に have never とあるので，現在完了の形 <have never ＋過去分詞> にする。see の過去分詞は seen。ここは「今までそのようなかわいらしい笑顔を見たことがなかった。」という「経験」の意味になる。
ⓒ前後の文から時制は過去。teach の過去形は taught。
(2)①「誰が最初に本屋に歩いて入りましたか。」第２段落の２～３行目 He walked ～ the bookstore. から健太の祖父とわかる。
②「なぜ健太と彼の妹は毎日彼らのページを見せるために祖父の部屋へ行きましたか。」 関連する内容は第６段落にある。第６段落の最初の文を書けばよい。Because で始めても，To talk to ～と不定詞(副詞的用法)で書いてもよい。
(3)第５段落にあるように，祖父に理科の問題集を毎日２ページずつすると言った健太の言葉である。
(4)**ア**「健太の妹は彼女が欲しい漫画の本を持って祖父のところに戻りました。」第４段落の１～２行目参照。
イ「健太は彼の祖父の笑顔を見るために本屋で漫画本をあきらめました。」第４，５段落参照。
ウ「健太の祖父は健太と彼の妹に理科の問題集を買いました。」第４段落の１～３行目参照。
エ「健太の問題集には彼の祖父が答えられないたいへん難しい問題が載っていました。」第７，８段落参照。
(5)最後の段落での祖父の言葉が該当箇所となる。

注意 頻度を表す副詞…always（いつも），usually（ふつう），often（しばしば），sometimes（時々）などは，一般動詞の前，be 動詞の後に入れる。

I am always happy.「私はいつも幸せです。」

全文訳

僕には祖父がいる。退職後，彼はめったに笑わないし話さなかった。彼はいつもひとりで彼の部屋で本を読んでいた。僕の家族全員が彼を心配していた。

ある日，僕は祖父に「妹と僕を本屋に連れて行ってくれる？」と言った。彼は「いいよ」とだけ答えた。僕たちはバスに乗り，町でいちばん大きな本屋に行った。彼は僕たちの前をすばやく歩き，本屋に入った。妹と僕は漫画本コーナーに行った。

数時間が過ぎた。僕が時計を見たとき，午後６時だった。妹と僕は祖父を探し始めた。僕たちがついに彼を見つけたとき，彼は本を読んでいた。だから僕たちは彼に「家に帰る時間だよ」と言った。彼は「そうだね。家に帰る前に数冊本を買うよ。きみたちそれぞれに本を１冊買ってあげよう」と言った。

数分後，僕は欲しかった漫画本を持って戻った。妹は英語の問題集を持って戻ってきた。彼は妹に「本当に問題集が欲しいのかい？」と言った。彼女は「そうよ。私は毎日，この問題集を１ページずつするわ」と答えた。「いいね」と彼は言って笑った。「こんなかわいらしい笑顔を今まで見たことない」と僕は思った。僕はまた彼の笑顔が見たかった。

それから，僕は彼に「僕も問題集が欲しいな。本を変えてくる」と言った。僕は理科の問題集を持って戻った。彼は僕に「この問題集は難しそうだよ。全部できるかい？」と言った。僕は「うん，もちろん。毎日２ページずつするよ」と答えた。彼は驚いた様子でほほ笑んだ。彼は自分の本と僕たちの問題集を買ってくれた。

妹と僕はすごくひんぱんに祖父と話したかった。それで，毎日，問題集のページを解いた後，僕たちはそれらを見せるために彼の部屋に行った。

２，３週間後，僕が家に帰ったとき，とても疲れていた。それで問題集のページを解かないで，寝ようとしていた。祖父は「今日のページはやり終えたかい？」と尋ねた。とても眠たかったけれど，僕は自分の言葉を思い出した。そのページにはとても難しい問題が載っていた。

２時間後，僕は問題集を持って彼の部屋に行った。彼は僕を待っていた。彼は僕の答えを読み，「良くやったな，健太！　きみは約束を守ったね」と言った。彼は理科が得意だったので，難しい問題の答え方を僕に教えてくれた。

次の朝，彼は僕に言った。「私は，きみたちが私に何をしてくれたか本当によくわかっているよ。私は毎日家族と話そう。私も約束を守るよ。」僕はそれを聞いてとてもうれしかった。

入試攻略 Points

対策

(1)(I like) **soccer better than** (baseball.)
(2)(Megumi) **runs faster than** (Yuki.)
(3)(Math is) **as difficult as** (English.)
(4)(Bill is the) **youngest in his family** (.)

比較級は語尾に er，最上級は語尾に est をつける。

注意 well – better – best

(3)「～と同じくらい…」では〈as ＋原級＋ as ～〉を使う。

(4)「家族の中で」＝ in his family

注意 「４人の中で」＝ of the four

4時間目 日本の伝統音楽

解答（pp.10～11）

1 (1) **ウ**

(2) **イ**

(3) **アメリカでグリーンさんに和太鼓のたたき方を教えたのは，久美のおじであること。）**

(4) **（久美のおじは）日本の伝統音楽について彼に話したとき，最も楽しい時間をすごした（から。）**

(5) ① **No(, he) didn't(.)**

② **(He showed Kumi a) picture taken (at the concert.)**

解　説

1 (1)グリーンさんは自分の音とその日本人男性の音がどうだと感じたのか。

(2)直前の部分でその日本人男性は 30 年間和太鼓を演奏していることと毎日何時間も練習していることを言っている。

(3)久美の手紙の中でグリーンさんが驚くような内容が書かれている。

(4) 2 文あとの But ... の文で，おじさんがグリーンさんを今でもよく覚えている理由が述べられている。

(5)①「グリーンさんは最初に和太鼓を演奏しようとしたときにうまくできたか？」英文Ｉの第３段落５～８文目。

②「久美がおじさんにグリーンさんについて話して

いたとき，おじさんは久美に何を見せたか？」英文Ⅱの第３段落７，８文目。

全文訳

【英文Ⅰ】

僕がどんな音楽が好きかだって？　それはいい質問ですね，久美。僕は日本の音楽が，特に日本の伝統音楽が好きです。なぜかって？　そうですね，それに答えるためには３年前にアメリカで会った日本人の男性について話さなければなりません。

高校生のとき，僕の市で世界音楽祭がありました。日本のグループが和太鼓のコンサートをするために招待されました。僕が和太鼓の音楽を聴くのは，それが初めてでした。その音はとてもわくわくするものでした。

コンサートのあと，僕は一番大きな和太鼓をたたいていたメンバーと話す機会がありました。僕は彼のところへ行って，言いました。「僕はコンサートをとても楽しみました。和太鼓を演奏するのは興味深いと思います。」彼は言いました。「ありがとう。この大きな和太鼓を試してみたいかい？」彼は僕にばちを渡しました。僕は太鼓をうまくたたこうとしました。しかし，うまく演奏するのは僕には難しかったのです。音が本当に悪かったのです。彼は僕に言いました。「きみは手だけを使っているね。このようにからだ全体を使わなくてはいけないんだ。」彼はしばらくの間，それの演奏のしかたを見せてくれました。そして，僕はまた太鼓を演奏しました。彼は言いました。「うまく演奏しているよ。」しかし，僕はそう思いませんでした。彼の音と僕の音とでは本当に違っているように感じました。彼の音はもっとわくわくするもので，もっと美しいものでした。僕はたずねました。「いい音をだすために，どのように太鼓をたたくべきですか？」彼はほほ笑んで言いました。「私は和太鼓を 30 年間演奏してきて，今でも毎日，何時間も演奏しているんだよ。それがその答えだよ。」僕は言いました。「毎日ですか？　では，一生懸命に練習することが大切だということですか？」彼は言いました。「その通りだよ。」

彼は日本の伝統音楽についても僕にたくさん話してくれました。僕は彼と話すのを本当に楽しみ，それに興味を持つようになりました。僕は彼に言いました。「僕は日本の伝統音楽を勉強するためにいつか日本に行って，和太鼓についてもっと学びたいです。」彼はそれを聞いてとてもうれしそうでした。

> **!ここに注意**　**look には「見る」という意味だけではなく，「～に見える」という意味もある。**
> He looked very happy.「彼はとてもうれしそうに見えた。」

【英文Ⅱ】

親愛なるグリーンさん，

こんにちは。今日は私たちの学校へ来てくれてありがとうございました。

すごいニュースがあります。何かわかりますか？たぶん，あなたは驚くでしょう。アメリカで和太鼓の演奏のしかたをあなたに教えた男性は私のおじなんです！

あなたが私の質問に答えてくれていたとき，私はおじのことを考えていました。彼も和太鼓を演奏するからです。彼もアメリカへ行ったことがあるんです。だから，放課後におじに会いに行きました。私は彼にアメリカへの旅について話すように頼みました。彼は理由を尋ねました。私は彼にあなたの話をしました。彼は驚いて，コンサートで撮った写真の中の１枚を私に見せました。私は叫びました。「これはグリーンさんだわ！」あなたとおじがその写真の中に見えました。私のおじは言いました。「私はアメリカで１度だけ彼に会ったんだ。そのとき以来，彼に会っていないんだ。しかし，私は彼のことをとてもよく覚えているよ。私は和太鼓のコンサートをするためにアメリカの多くの場所を訪れて，楽しいときを過ごしたんだ。でも，彼に日本の伝統音楽について話していたときが最も楽しい時間だったよ。」

どうぞ，私のおじを訪ねてください。おじはあなたと一緒にまた，和太鼓を演奏するとうれしいでしょう。

久美

入試攻略 Points

対策

- (He is the boy) **who(that)** (came to the party yesterday.)

主格の関係代名詞の文。先行詞が the boy と「人」なので関係代名詞は who または that となる。

5時間目　ホームステイでの体験

解答 (pp.12～13)

1
(1) ① **hers**　② **talking**
(2) **(It's) To work for the people of the world.**
(3) ① **language**　② **dinner**
(4) **エ**
(5) **違いを知り，ともに生活すること。**
(6) **イ**
(7) **悩むのをやめて，自分にできる小さなことを，何でもやったということ。**

解説

1 (1)①ここは「彼女の生活のしかた」ということなので,「彼女のもの」という意味の所有代名詞にする。
②前置詞のあとに続く動詞は動名詞の形になる。
(2)「知子の夢は何か？」第1段落2文目。
(3)①この文の動詞は speak なので，言葉と考える。ホストファミリーは韓国人で，第3段落最後から2文目に「韓国語を使う」とある。
②あとの eat がヒント。夕食が楽しくなかったのだ。
(4)知子が自分を子どものようだと思った理由は第4段落最後の知子のせりふにある。
(5)直前の文の内容をしっかりと読み取ること。
(6)**ア**　ホストマザーは家族のみんなに水を節約するように言っている。第4段落ホストファーザーのせりふの4文目。
ウ　知子は韓国語を学んだ。第5段落5文目。
エ　ブラウン先生が知子のオーストラリアでの問題に答えを与えたわけではない。
(7)最後の段落でのブラウン先生の質問「それで，何をしたのですか？」に対する答え。

注意　動詞 save にはいろいろな意味がある。
save は「助ける，救う」のほかに「節約する」,「貯金する」,「取っておく」などいろいろな意味で使われるので注意しよう。

全文訳

知子は中学生である。彼女の夢は世界の人々のために働くことだ。昨年の夏，彼女はオーストラリアへ行き，韓国人の家族の家に滞在した。

日本を離れる前，彼女の英語の先生であるブラウン先生は彼女に言った。「外国の人々との生活はあなたにとって驚きとなるでしょう。それがよい驚きとなるといいですね。」

知子はたくさんの希望を持ってホームステイを始めた。しかし,彼女にとってものごとはうまく運ばなかった。彼女のホストファミリーの生活のしかたが彼女のものとはとても違っていたからだ。彼らは早寝早起きをし，彼らは晩早くに夕食をすませた。知子は彼らと話すための十分な時間を作ることができず，彼らと一緒に夕食を食べることができなかった。もう1つの問題は言語だった。ホストファミリーはふつう，彼らの間では韓国語を使った。彼女は悲しく感じ，日本に帰りたかった。

ある晩，知子がシャワーを浴びたあと，ホストマザーが彼女に言った。「あなたのシャワーは長すぎるわ。水を節約しなさい。」知子は驚いて,自分の部屋へ走って行った。そのとき，ホストファーザーがやってきて,ほほ笑んで彼女に言った。「大丈夫かい，知子？　彼女は怒っているんじゃないんだ。水を節約することはオーストラリアではとても大切なことなんだよ。彼女は家族のみんなに同じことを言うんだ。ここでは，きみは私の家族の一員なんだ。家族の一員としてできることを考えてごらん。」知子はホストファーザーと話してうれしかった。彼女は思った。「ここへ来てから,私はホストファミリーに何かを私のためにしてもらいたがるだけだった。小さな子どものようだわ。」

翌日から，知子は変わった。ホストファミリーとの時間を作るために早く起きて，早く帰宅した。彼らとの夕食はずっとよくなった。彼らと話すことでオーストラリアと韓国についてたくさんのことを学んだ。彼女は新しいことにも挑戦した。韓国語を学び，彼らに日本語を教えたのだ。ホストマザーは彼女の変化を見てよろこんだ。彼女は知子に言った。「私はここに 30 年間住んでいるの。外国の文化において大切なのは違いを知って，ともに生活することなのよ。今，あなたはそれができているわ。」

日本に戻ったあと，知子はブラウン先生に言った。「私はどのように外国の人々を理解すればよいかを悩んでいましたが，それについて考えるだけでは決して答えは出ませんでした。」ブラウン先生は尋ねた。「それで，何をしたのですか？」知子は答えた。「えっと,悩むのをやめて，自分にできる小さなことを何でもやりました。そして，私のホームステイはずっとよくなりました。」「よいホームステイでしたね。」ブラウン先生はほほ笑んだ。

入試攻略 Points

対策

ウ

例文は「今日買うべき本が何冊かあります。」の意味の**形容詞的用法**。

アは名詞的用法，**イ**は副詞的用法。

不定詞には名詞的用法「～すること」，副詞的用法「～するために」，形容詞的用法「～するための，～するべき」の３つの用法がある。

意味からだけでは分かりにくいときもあるので，文の形からも判断できるようにしておくこと。

6時間目　社会・環境問題

解答（pp.14〜15）

1 (1) ア，オ

(2) (水を使いすぎたために)沈んだ場所に，使った水をためて，それをきれいにして再利用した。

(3) ① (They began to use it) About 160 years ago.

② Because they have a lot of buildings.

(4) 何をしたか：ビルの屋上に木を植え始めた。

どのようなことが起きるか：都市の気温も下がる。

(5) ・問題は何か，また，それがどのようにして起きたのかを知ること。

・多くの本を読み，多くの人と話すこと。

解　説

1 (1)**イ**　メキシコシティーは東京ほど大きくない。第２段落２文目。

ウ　大きな川は１つしかない。第２段落３文目。

エ　川からは十分な水を得られなかった。第２段落３，４文目。

(2)第２段落10文目に「メキシコシティーの人々はこの問題を違った見方で見た」とある。それに続く文で行われたことが具体的に書かれている。

(3)①「メキシコシティーの人々が地下の水を使い始めたのはいつか？」第２段落５文目。

②「なぜ大きな都市には木を植えるための場所がほとんどないのか？」第３段落６文目の because 以下が理由。

(4)第３段落８文目に「答えを見つけた」とある。その答えとはどのようなものか考えながら続く文を読む。

(5)最後の段落に書かれている。First と Second に注目する。

注意　How can you 〜？は「どのようにしてあなたは〜できるのか？」という意味だが，「そんなことはできない」という反語の意味や「よくそんなことができるな」という非難の意味を含むこともある。

How can you say that to me?「どうやってあなたは私にそんなことが言えるのか。よくそんなことが言えるな。」

全文訳

私たちのまわりにはたくさんの問題がある。問題が大きすぎるときには，それらを解決できないと思う。しかし，異なる見方でその問題を見れば，答えを見つけられることもある。

メキシコシティーについて話そう。東京ほど大きくないが，東京よりも多くの人々がいる。メキシコシティーは高地にあり，大きな川は１つしかない。だから，十分な水を得るのが難しい。160年くらい前に，多くの人々が地下の水を使い始めた。多くの人々が地下の水を使いすぎて何が起こったか知っているだろうか。そう。地面がかなり沈んでしまったのだ。それは大きな問題だった。そのとき，メキシコシティーの人々はこの問題を違った見方で見た。このように考える人もいた。「沈んだ場所を使うのはどうだろうか。」次のように考える人もいた。「すでに使ってしまった水を再び使うことはできるか。」彼らはその場所に水をためた。すぐにそこは湖のようになった。人々は水をきれいにして，それを再び使った。

日本にも例がある。大きな都市では，夏は特に暑い。それには多くの理由があり，私たちもそれらの１つを知っている。大きな都市にはそれほど多くの木々がないのだ。多くの木々があれば，木々は多くの場所で私たちに木陰を与えてくれ，私たちのまわりの気温は下がるだろう。しかし，大きな都市には建物が多いので，木々を植えるための場所がほとんどない。その問題について熱心に考えた人々がいる。そのとき，彼らはある建物を見て，ある答えを見つけた。彼らは考えた。「建物の屋上が役に立つだろう。」彼らは建物の屋上に木々を植え始めた。そこは小さな公園のような場所になった。多くの木々の木陰のおかげで，その建物の温度は下がった。彼らは考えた。屋上に木々のある建物がもっと増えれば都市の気温も下がるだろう。」今では屋上に木々のあるその他の多くの建物を見ることができる。その木々の下で，友だちと話したり，昼食を食べたりして楽しむ人もいる。

私たちのまわりにも簡単な例を見ることができる。かつて，人々は１年中ネクタイをして職場へ行っていた。夏の暑い日に，彼らはネクタイをして働き，長時間エアコンを使っていた。エアコンを使うことで地球の温度が上がるので，これは問題だった。しかし，ネクタイに対する見方を変えた人々がいる。今では，夏にネクタイを着けずに職場で働く人が多い。すると彼らは長時間エアコンを使う必要がない。ネクタイを着けずに働くことは地球の温度が上がるのを止めるのに役立つ。

おわかりのように，私たちは見方を変えて，問題を解決してきた。しかし，どのようにして見方を変えることができるのだろうか。２つのことを覚えておくべきだ。１つめは，問題が何であるのか，それがどのようにして起こったのかを知るべきだ。２つめに，多くの本を読み，多くの人々と話すべきだ。多くのことを知っていれば，いい考えが生まれるだろう。

入試攻略 Points

対策

(1)(Do you know) **where he is reading the book**(?)

(2)(I asked Jane) **who called her yesterday**(.)

疑問文がほかの文に組み込まれた文を**間接疑問文**と呼ぶ。間接疑問は〈疑問詞＋主語＋動詞 〜〉の語順になるので覚えておくこと。

7時間目 介助犬

解答（pp.16〜17）

1 (1) **ウ，オ**

(2) **ものを見つけて持ち帰ることを好む特性。**

(3) **外出して他の人に会うこと。**

(4) **ウ**

(5) **介助犬がうまく仕事をすることができないから。**

(6) Ⅰ **カ**　Ⅱ **オ**　Ⅲ **ア**

解　説

1 (1)**ア**　介助犬にはものを使用者に持ってくること以外にも多くの仕事がある。第１段落９文目以降。

イ　50 くらいの言葉を理解する。第１段落９文目。

エ　介助犬を使う人を使用者と呼ぶ。第１段落２文目。

(2)レトリーバーという名前は retrieve に由来している。第１段落６，７文目。

(3)セミコロン(;)のあとが具体的な内容。

(4)何が十分でないのか考える。同じ文の前半をよく読む。

(5)介助犬に話しかけたり，食べ物を与えるべきでない理由。続く文にその理由が書かれている。

(6)Ⅰ介助犬がどのような働きをするかについて述べた段落。

Ⅱ日本での介助犬のことについて述べた段落。

Ⅲ私たちの介助犬に対する接し方について述べた段落。

全文訳

Ⅰ　介助犬は事故にあったり病気になったりしたためにうまく歩けなかったり，うまく手が使えなかったりする人々を手伝う。介助犬を使う人々は「使用者」と呼ばれる。介助犬はどのようにして使用者を手伝うのだろうか？　日本にいる介助犬の多くはラブラドール・レトリーバーである。「レトリーバー」という名前は「retrieve」から来ている。retrieve することはものを見つけて，それを取ってくることを意味する。彼らは取ってくることが好きなのだ。それが重要なのは，ものを使用者に持ってくることが彼らの仕事のうちの１つだからだ。介助犬は50くらいの言葉も理解し，使用者のためにたくさんのことをする。介助犬はドアを開け閉めしたり，買い物へ行ったりするときに使用者を手伝う。彼らのおかげで，使用者の生活はより楽になる。介助犬は使用者に新しいことに挑戦する機会を与える。例えば，使用者は外出して他の人に会うことができる。介助犬は使用者にとって大切であるということを理解すべきである。

Ⅱ　最初の介助犬のブルースは 1992 年にアメリカから日本に来た。彼にとって日本の狭い家や通りで生活し，働くことは難しかった。ブルースは自分の仕事をうまくやることができなかった。そのとき，人々は思った。「日本で介助犬を訓練するべきだ。」介助犬が訓練され始めた。最初の日本の介助犬は 1995 年に働き始めた。2002 年には，初めて介助犬を連れた人々がバスや電車に乗った。翌年には，人々とその介助犬が一緒にスーパーマーケットやレストラン，ホテルに入っていき始めた。現在，日本には約 40 頭の介助犬がいるが，それは十分ではない。１万人以上が介助犬を必要としているのだ。

Ⅲ　私たちには介助犬のためにするべきことがあると思う。犬を訓練するには長い時間と多くのお金がかかるので簡単ではない。介助犬を訓練するためのお金を集められたらいいなと思う。そして，通りやレストランで介助犬を見ても，話しかけたり，食べ物を与えたりするべきではない。そうすると，介助犬はうまく仕事ができないのだ。彼らを温かく見守ってやるべきである。

入試攻略 Points

対策

(1)(He decided) **to study** (English again.)

(2)(We enjoyed) **cooking** (curry.)

(3)(Don't forget) **to send** (the letter.)

(4)(I tried) **using** (the machine.)

目的語に不定詞をとるか動名詞をとるかは動詞によって決まる。

- **目的語に不定詞をとるもの**
  want to ～(～したい)
  hope to ～(～することを望む)など
- **目的語に動名詞をとるもの**
  finish ～ ing(～し終える)
  enjoy ～ ing(～するのを楽しむ)など
- **目的語に不定詞，動名詞の両方をとり，意味が大きく変わらないもの**
  start ～(～し始める)
  begin ～(～し始める)など
- **目的語に不定詞，動名詞の両方をとるが，意味が変わるもの**
  forget to send the letter(手紙を送るのを忘れる)
  forget sending the letter(手紙を送ったことを忘れる)など

8時間目　SNSとのつきあいかた

解答（pp.18～19）

1　(1) **イ**
(2) **ウ**
(3) **ア，オ**
(4) **ア**

解　説

1　(1)下線部を含む文の主語 It は直前の文の SNS を指している。
(2)第1段落の内容は「若者の間で SNS は人気のあるコミュニケーションのための道具であること」が書かれている(**B**)。第2段落は「SNS がいかに便利な道具であるか」が書かれている(**A**)。第3段落は SNS の好ましくない点が書かれている(**C**)。最後の段落では「SNS を使ってより良い生活を送るためにはどうしたら良いか」が書かれている(**D**)。よって正解は**ウ**。
(3)第2段落5～8文目の内容と一致している**ア**と，第3段落前半の内容と一致している**オ**が正解。
(4)第4段落の内容と一致している**ア**が正解。

!ここに注意　**communicate は自動詞**
× I'd like to communicate a lot of people.
○ I'd like to communicate with a lot of people.

上の文のように communicate のすぐ後ろに目的語を持ってくるのは間違い。communicate は自動詞なので，「～と意思疎通する」と言いたい場合は communicate の後ろに with ＋人をつける。

全文訳

みなさんは SNS を知っていますか？　SNS は人々が簡単に情報を送ったり受け取ったりすることができる，インターネット上でコミュニケーションをとるための道具です。お互いに意思を伝えることができるので，中高生の多くは SNS を楽しんで使っていることでしょう。例えば，Twitter は若い人たちの間でとても人気があります。私は毎日のように使っています。SNS は生活する中でとても便利な道具ですが，それを使うことで問題が生じることもあります。

では，なぜ SNS が便利なのかについてお話ししたいと思います。まず，SNS は友達や他の多くの人々とコミュニケーションをとるための良い道具になりえます。私たちはよく写真を撮ったり，面白い動画を作ったりして，それを SNS に載せます。それを読んだり見たりした人々がコメントを書き込むことができ，そしてその情報は世界中に広まるかもしれません。2つ目は，SNS は商売に役立つ道具になりえることです。最近はインターネットでの買い物がますます普及してきています。大きな会社も小さな会社も，そして一個人でも SNS を利用すれば，商品を販売するチャンスが広がります。商品に関する情報やコメントは，SNS を通じて世界中に広まり，共有される可能性があります。3つ目は，SNS が緊急時に役立つことです。家族や友人の安否を SNS で確認することができます。2011 年に東日本大震災が東北地方で発生したときもそうでした。

しかし，SNS を利用するときは注意が必要です。みなさんは，SNS に関する驚くべきニュースを聞いたことがありますか？　私は，日本のコンビニエンスストアや寿司店で働く若い人たちが職場で悪質な動画を撮影し，Twitter に投稿したと聞いてショックを受けました。その動画はあっという間にインターネット上で拡散し，ニュースで大問題になりました。また，SNS を利用することによる他の問題もいくつかあります。そのひとつが，健康問題です。例えば，夜に SNS を使いすぎると，十分な睡眠がとれなくなります。それは健康によくありません。実際に，疲れすぎて学校に遅刻したり，行けなくなったりする生徒もいます。別の問題として，SNS を使った学校でのいじめがあります。インターネット上でいじめに遭っていると，生徒によっては学校に来ることが難しくなるかもしれません。

最近では，SNS はとても便利なコミュニケーションの道具になっています。私たちは，SNS を使って世界中の人々とコミュニケーションをとることができます。私たちは，SNS を使うことで，時には問題に出くわすことがあるかもしれません。しかし，SNS は，上手に使いさえすれば，生活をより良いものにする素晴らしい道具になるはずです。ありがとうございました。

入試攻略 Points

対策

- (He was able to) **pass the exam by studying hard**(.)

「～することによって」は〈by ＋動名詞〉で表す。by は前置詞なので，直後には名詞(動名詞)が入る。

9時間目 音楽について

解答 (pp.20～21)

1 (1) **ア**

(2) **エ**

(3) **試合の前にイヤホンで音楽を聞いている選手。**

(4) **ある種の音楽を聞くとよく眠れるという効果。**

(5) **ア**

解　説

1 (1)康太の２番目の発言に「約３分の２の学生が大学へ行くときに音楽を聞いている」とあるため，68 であるAは**ア**が正解。

(2)空所②が含まれるジュディ先生の発言は「道路で[②]の音が聞こえないため，とても危険です」という意味である。道路で聞こえないと危険な音は**エ**である。

(3)下線部③が含まれる文の前文が such players の内容にあたる。such は「そのような」という意味なので，それより前に注目する。

(4)下線部④の直後の文を参照。

(5)康太の２番目の発言の内容と一致しているので，**ア**「他のことをすることが好きなので音楽を聞かない大学生も数人いる。」が正解。

ここに注意　**information は数えられない名詞**

information は money(お金)や water(水)などと同じで，「数えられない名詞」である。そのため，「私はたくさんの情報を持っている」という場合は I have a lot of(much) information. という。a lot of につられて informations としないこと。

全文訳

ジュディ：こんにちは。今日の最初のトピックは音楽です。康太は何か情報を得られましたか？

康太：はい。新聞で面白い情報を見つけました。私の住む街の大学生 100 人が「いつ音楽を聞きますか」と質問されました。由紀，君はいつ音楽を聞きますか？

由紀：ランニング中に聞いています。じゃあ，大学生の答えについて教えてください。

康太：いいですよ。ほぼ全員が「音楽を聞いている」と回答しました。３人の大学生だけはゲームや読書など，他にやりたいことがあるので音楽は聞かないと答えました。約３分の２の学生が，大学に行くときに音楽を聞いています。

由紀：私の姉も毎朝，大学に向かうバスの中で音楽を楽しんでいます。

ジュディ：バスを降りたあとも，イヤホンをしている大学生をよく見かけます。道路で車や自転車の音が聞こえないため，とても危険です。私たちはそんなことをしてはいけないと思います。

康太：そうですね。また，勉強するときに音楽を聞くべきではないと思います。うるさい音楽のようなものを聞くと，勉強に集中できないと思うんです。

ジュディ：そうですね。でも音楽は私たちの生活の中で役立ってもいますよ。私はよくテレビでスポーツを観戦します。多くの選手が試合前にイヤホンで音楽を聞いています。今までこのような選手をテレビで見たことがありますか？

由紀：あります。音楽は，何か重要なことに集中するために役立つかもしれませんね。

康太：その通りです。この情報でも，試合前に音楽を聞いている生徒がいることがわかります。音楽が気持ちを盛り上げてベストを尽くせるんですよね。

由紀：なるほど。もうひとつ，音楽にまつわる面白い話をしましょう。私のおばはガーデニングがとても好きなんです。彼女は毎日，庭で音楽をかけています。ある日，どうして音楽をかけるのかと尋ねると，おばは「音楽は植物がよく成長するのを助けるのよ」と答えました。本当だと思いますか？

ジュディ：とても興味深いですね。私はそれは本当だと思います。音楽は私たちの健康にも良いのです。例えば，ある種の音楽は，私たちがよく眠るのを助けてくれます。私も寝る前にときどき音楽を聞くことがあります。

康太：本当ですか？それは知りませんでした。

ジュディ：ありがとう，康太。音楽についてたくさん学ぶことができました。では，別のトピックに移りましょう。２つ目のトピックは …。

入試攻略 Points

対策

(1)(You) **must not speak** (Japanese here.)

「〜してはいけない」は〈must not 〜〉，または〈Don't 〜〉で表すことができる。

(2)(The news) **made her sad**(.)

「人を〜させる」は〈make ＋人＋形容詞〉で表すことができる。

10時間目 幼稚園の思い出

解答（pp.22〜23）

1 (1) **私の大好きな果物**

(2) **Why are there**

(3) 例 **ふだん食べている果物がどのように成長するのかを見ることは，子どもたちにとって大切だと思ったから。**

(4) ① **She ate it at home.**

② **She was picking kiwi fruit in the garden.**

(5) **エ→ア→イ→オ→ウ**

(6) **エ**

解説

1 (1)その文よりも前の内容を指していると考える。

(2)次の段落での原先生の答えがヒントになる。「なぜこの園庭にキウィフルーツの木々があるのか？」という文になる。

(3)第４段落の原先生の長いせりふの最後の２文でその理由が話されている。

(4)①「小さなときに先生がくれたキウィフルーツを美紀はどこで食べたか？」第２段落最後から２文目。

②「昨年の10月に美紀が幼稚園の近くを歩いていたとき原先生は何をしていたか？」第３段落１，２文目。

(5)**エ**万博でキウィフルーツを見たあと，原先生は**ア**幼稚園で教え始め，**イ**幼稚園のためにキウィフルーツの苗木を買い，幼稚園児の美紀が木からキウィフルーツが落ちるのを見て**オ**友だちがそれが何かをたずね，昨年になって**ウ**美紀はたまたま原先生に会った。

(6)**ア**　キウィフルーツが美紀の顔に落ちたという事実はない。

イ　キウィフルーツを摘み取ったのは先生方。第２段落最後から３文目。

ウ　原先生が万博へ行ったのは17歳のとき。美紀が通っていた幼稚園の先生になったのはその20年後。第４段落の原先生のせりふで述べられている。

注意 something や anything など，-thing で終わる代名詞を修飾する形容詞はうしろに置く。

something new「何か新しいもの」，anything important「何か大切なもの」

全文訳

毎日，私は果物を食べる。キウィフルーツは私の大好きな果物だ。この小さな茶色い果物がどのようにして大好きな果物になったのか私は今でも覚えている。キウィフルーツには何か特別なものを感じるのだ。

小さいころ，私は町の幼稚園に通っていた。幼稚園には園庭に大きなキウィフルーツの木々があった。ある秋の午後，私たちが園庭にいたとき，木から何か茶色いものが落ちてきた。最初，私はそれが何なのかわからなかった。友だちの１人が先生に言った。「これは何？」先生がそれを半分に切ると，その中に緑色のものが見えた。先生は私たちみんなに言った。「キウィフルーツよ。見て！　木々になっている果物が見える？　キウィフルーツはあのように育つのよ。」木々にはキウィフルーツがたくさんなっていた。先生方は私たちのために果物を摘み取ってくれて，みんなはその１つを家に持って帰ることができた。私は家でそれを家族と食べたが，とてもおいしかった。それ以来，私はずっとキウィフルーツが大好きなのだ。

昨年の10月，昔の幼稚園の近くを歩いていたときに，園庭でキウィフルーツを摘み取っていた女性をたまたま見かけた。それは私の幼稚園の原先生だった。彼女は「ずいぶん久しぶりね。」と言い，私を園庭に招いてくれた。私たちは話をし，一緒にキウィフルーツを摘み取った。私は木から落ちたあのキウィフルーツを思い出し，先生にたずねた。「なぜこの園庭にキウィフルーツの木々があるんですか？」

原先生は答えた。「そうね，1970年に私が17歳のとき，私は大阪で開催された万博へ行ったの。私はニュージーランドパビリオンで初めてキウィフルーツを見たの。キウィフルーツはとても興味深かったわ。20年後，私がここで教え始めたとき，キウィフルーツは人気になっていたの。ある日，私はお店でキウィフルーツの苗木を見つけて，この幼稚園のために何本か買ったのよ。ふだん食べている果物がどのように成長するのか見ることは，子どもたちにとって大切だと思ったからよ。だから，今，ここに大きなキウィフルーツの木々があるのよ。」先生の話はとてもすてきだった。先生が話し終えると，子どもたちが私たちの仲間に入った。私たちが摘み取ったキウィフルーツをいくつか彼らに見せると，子どもたちはうれしそうだった。

何か新しいものに出会うと，それはしばしば強い印象を与えるだろう。原先生が初めてパビリオンでキウィフルーツを見つけたとき，彼女はその見慣れない果物に本当に興味を持ち，それは彼女にとって特別なものになった。私もまた，幼稚園で木から落ちた果物に興味を持った。今や，店でキウィフルーツを見つけるのは簡単で，私たちは，日本の人々が 40 年前に食べていなかった果物を食べている。キウィフルーツを食べるとき，私は幼稚園の日々を思い出すことがある。

入試攻略 Points

対策

- (It was exciting) **for Jim to play the game**(.)

It is ～ for ＋人＋ to .... ＝「人が…することは～だ」。の構文。「人」はあとの不定詞の意味上の主語になる。〈for ＋人〉のない It is ～ to .... ＝「…することは～だ」の形もよく使われる。

11時間目 スピーチ

解答（pp.24～25）

1 (1) **エ**

(2) **・日本語には仮名と漢字があり，うまく使うことができないから。**

・たくさんの漢字を覚えることがとても難しいから。

(3) **イ**　(4) **イ**

(5) **He wants to be a Japanese language teacher.**

解説

1 (1)最初の下線部①のあとで浩志は男性に「文字の中に動物が見えるか」とたずねられている。下線部③のあとでは，「彼(＝ボブ先生)はその中に口と鳥を見つけた」とある。

(2)ボブ先生が下線部②のように感じている理由は続く同段落の文で述べられている。

(3)第４段落で述べられているように，授業で２分間トークを行い，「聞く」「話す」の練習をし，家でそれをノートに書いて「書く」の練習をする。翌朝，それらを学校で先生に直してもらい，それを先生の前で読むことで「読む」の練習をする。それを家で何度も書くことで，「書く」の練習をする。

(4)**ア**　絵ではなく，日本語の文字を見るために美術館へ行った。第２段落１文目。

ウ　ボブ先生が授業で使った日本語の文をいつも書いているということは書かれていない。

エ　浩志はボブ先生と日本語で話したとは書かれていない。

(5)「浩志は何になりたいか？」浩志がなりたいものは最後の段落に書かれている。

注意　「～の」と所有を表すとき，名詞のあとにアポストロフィと s〈's〉をつけるが，その名詞が複数形で s で終わっている場合には〈'〉だけをつける。

(例) 2 minutes' talk，cats' ears「ねこたちの耳」

全文訳

僕は「日本語と私」について話します。

昨年の秋，僕は美しい日本語の文字を見るために美術館へ行きました。そこで，僕は仮名と漢字の文字をたくさん見ました。僕はそれらを見るのを楽しみましたが，読むことのできない漢字の文字もいくつかありました。この写真を見てください。これがそのうちの１つです。僕はそばに立っている男の人にたずねました。「この文字はどのように読むべきなのでしょうか？」彼は答えました。「それはその形に由来しているんだよ。きみは象形文字を知っているかい？　文字の中に動物が見えるかい？」そうして，僕はそれを読むことができました。あなたたちみなさんはそれが読めますか？　これはおもしろいと思いませんか？

僕たちの ALT のボブ先生は毎日，日本語を勉強しているって知っていますか？　先週，僕は彼に尋ねました。「日本語についてどう思いますか？」彼は答えました。「私は日本語を聞いたり話したりすることが好きです。生活の中でもよく使うので，それは簡単です。でも，私には日本語を読んだり書いたりすることは簡単ではありません。日本語には仮名と漢字という違った種類の文字があります。私はそれらをうまく使うことができません。私はそれらの使い方を学びたいです。たくさんの漢字の文字を覚えることはとても難しいとも感じています。」

僕は言いました。「これは僕が使っている英語の単語と文の覚え方です。僕は英語の授業で，友だちとの２分間トークを楽しんでいます。家では，僕はそれをいつもノートに書いています。翌朝，それを英語の先生に見せると，先生は僕の文を直してくれて，それらについて僕に話してくれます。先生が直してくれた文を先生の前で読みます。そのあと，僕は家で何度もそれらを書きます。英語の単語や文を何かの話題の中で使うことはそれらを覚えるよい方法です。それは仮名や漢字を使ったり，覚えたりすることでも同じではないですか？」

そのとき，僕は彼にこの写真を見せました。僕は象形文字やそれの読み書きのしかたについて彼に話しました。次の写真がとても彼の役に立ちました。彼はその中に口と鳥を見つけたのです。彼は口を使った鳥の行動について考えました。彼は言いました。「どのように漢字が作られたか知ることはおもしろいです。日本語を学ぶ便利な方法をいくつか教えてくれてありがとう。」

僕は彼を手伝うことができてとてもうれしかったです。今，僕には夢があります。それは外国の人々を教える日本語の先生になることです。日本語は美しく，興味深いです。日本語を学ぶことはそれほど難しくありません。僕はこれらのことについて彼らに言いたいのです。

入試攻略 Points

対策

(1)(My father taught me) **how to** (read English.)
(2)(Do you know) **when to** (go there ?)
(3)(Ask him) **what to** (do in the morning.)

〈疑問詞＋不定詞〉の形を覚えておく。

- 〈what ＋不定詞〉＝「何を～したらよいか」
- 〈when ＋不定詞〉＝「いつ～したらよいか」
- 〈where ＋不定詞〉＝「どこで〔へ〕～したらよいか」
- 〈how ＋不定詞〉＝「どのように～したらよいか，～のしかた」

12時間目 博物館へ行こう

解答（pp.26～27）

1 (1) **イ，エ**
(2) **nearest station to the museum is Museum Station**
(3) **change trains**
(4) **イ**

解説

1 (1)**ア**「特別展は11月に開催される。」ちらしに9月1日から30日に開催されるとあるため，誤り。
イ「7月は博物館が午後6時まで開いている。」ちらしに4月から9月までの開館時間は午前10時から午後6時までとあるため，正しい。
ウ「博物館は月曜のみ休館である。」ちらしに毎週月曜日と1月1日，2日が休館とあるため，誤り。
エ「もしあなたが14歳ならば，博物館への入場料は8ドルである。」ちらしに6歳から17歳までは8ドルとあるため，正しい。
オ「あなたはより多くの情報を得るために博物館を訪れなければならない。」さらに情報が必要ならば博物館に電話をしてくださいとあるので，誤り。
カ「歴史クラブは会員に特別な授業を提供しない。」ちらしの歴史クラブの案内に，会員になると特別な歴史の授業を受けられると書いてあるため，誤り。
(2)「博物館に一番近い駅はミュージアム駅です。」という意味になるように並べかえる。直前の久美の「博物館への行き方を知っていますか。」に対応する答えになるようにする。
(3)マイクは「パーク駅からも博物館へ行くことができる。」と話しており，路線図を見るとパーク駅へは乗り換えをせずに到着できることがわかる。本文から「乗り換え」の意味を表す change trains を抜き出す。
(4)久美は「今日は晴れなので，20分歩くのが良いと思う。」と言っている。駅から徒歩20分かかるのは**イ**のパーク駅。

ここに注意 さまざまな英語の「料金」

英語には「料金」に相当する単語がいくつかある。
入場料：fee, admission
乗り物の運賃：fare
サービスの利用料：charge
商品の価格：price
場面に応じて正しい表現を使えるようにしよう。

全文訳

科学歴史博物館
—特別展—　9月1日から30日まで
20世紀の偉大な発明
20世紀の発明が生活をより良いものにした。

開館時間　午前10時から午後6時まで（4月から9月まで）
午前10時から午後5時まで（10月から3月まで）
※毎週月曜日と1月1日，2日は休館

入場料　大人10ドル　学生（6歳～17歳）8ドル
子ども（5歳以下）無料
さらなる情報については，博物館にお電話ください（123-456-789）。

歴史クラブの会員になりませんか？
会員になると・・・
・特別な歴史の授業が受けられます。
・毎月博物館から新着情報が届きます。
・有名な科学者のカードがもらえます。
年会費は大人が20ドルで学生は15ドルです。

全文訳

久美：博物館への行き方は知っていますか，マイク？

マイク：はい。博物館に行くための最も近い駅はミュージアム駅です。ウォーター駅で電車を乗り換えます。ミュージアム駅からは歩いてたった1分しかかかりません。博物館は駅のちょうど前にあります。

久美：なるほど。切符を買いましょう。

マイク：ええと，パーク駅からも博物館に行くことができます。駅からは歩いて20分ほどかかりますが，電車を乗り換える必要がありません。運賃もより安いです。

久美：今日は晴れていますし，20分歩くことはいい考えです。パーク駅で電車を降りるのはどうでしょうか？

マイク：賛成です。博物館まで公園を通りぬけるのもすてきでしょう。

入試攻略 Points

対策

- (You don't) **have to clean this room**(.)

「～する必要はない」は〈do not[don't] + have [need] to ～〉で表す。to の後ろは動詞の原形が入る。

13時間目 チームプレイ

解答 (pp.28～29)

1 (1) **ア**

(2) **イ(→)ウ(→)エ(→)ア**

(3) **ウ**

(4) ① **He met her by the river.**

② **He thought," Doing favorite things can make people happy."**

解 説

1 (1)監督がなぜフレッドを使わなくなったのか，その理由を考える。

(2)フレッドは川のそばでジェーンに会い，彼女に野球のことを話し(第4段落14文目)，そのあとで彼女の話を聞き，彼女のようになりたいと思った(第4段落22文目)。ジェーンのすすめで少年たちに野球を教えた(第5段落3文目)。翌日にチームメイトにあやまった(第7段落1文目)。

(3)ある夏の日にフレッドは監督から「きみはいいピッチャーになる」と言われた。

(4)①ジェーンに初めて会ったのは川のそば。第4段落前半。

②ジェーンの言葉を思い出したときにフレッドが考えたこと。第6段落1文目。

全文訳

フレッドは7歳のときに，小さな少年たちのための野球チームのメンバーになった。彼は川の近くの野球場で練習した。彼はチームメイトたちと野球を楽しんだ。

中学生になると，彼は野球部に入った。ある夏の日，監督が彼に言った。「フレッド，私に向かって投球しなさい。」フレッドはそうした。監督は言った。「ナイスピッチング！君はいいピッチャーになるよ。」フレッドはとてもうれしかった。彼はピッチャーになった。

試合で投球をすることは彼にとって楽しかった。彼が投球すると，チームは勝った。しかし，物事は悪くなっていった。自分だけのおかげでチームは勝っていると彼は思い始めた。チームメイトがエラーをすると，彼は腹を立てた。彼はいつも三振を取ろうとしたが，しばしばそれに失敗した。彼のチームメイトはいい気分ではなかった。チームは試合に負け始めた。監督は言った。「覚えておけよ，フレッド。お前はピッチャーであるだけじゃないんだ。チームのメンバーなんだ。」監督は彼を使うのをやめた。

ある日，フレッドは川のそばに座って，物思いにふけっていた。そのとき，彼は声を聞いた。だれかが歌っていた。彼はあたりを見回した。1人の少女がギターをひきながら歌っていた。彼は彼女に話しかけた。「やあ，僕はフレッドだよ。すてきな歌だね。」彼女は言った。「ありがとう。私はジェーンよ。私がこの歌を書いたの。あなたはここで何をしているの？」彼は言った。「僕は野球が大好きだったんだ。でも，今は楽しくないんだ。」彼は彼女に野球についての彼の話をした。彼女は言った。「聞いて，フレッド。私は歌うことが大好きなの。私は歌を書いて，みんなのために歌うために病院を訪れるの。みんなは私が訪れるのを楽しみに待っているわ。私がみんなといるとき，みんなは幸せに見えるの。私も幸せなのよ。」彼は自分の心に何か温かいものを感じた。彼は彼女のようになりたくて，それを彼女に言った。彼女は言った。「あなたはできると思うわ。見て，あの小さな少年たちは向こうの野球場で野球をしているわ。彼らに教えてみたらどう？彼らは喜ぶわよ。」彼は言った。「そうかな？　わかった。やってみるよ。」

彼は野球場に歩いて行って，1人の少年にたずねた。「仲間に入ってもいいかな？」その少年はほほ笑んで答えた。「もちろんだよ！」フレッドは少年たちにボールの投げ方や受け方，打ち方を教えた。少年たちはみんな野球を楽しんでいた。彼は思った。「彼らは楽しいときを共有してるんだ。僕も小さなころは彼らみたいだった。」夕方になると，１人の少年がほほ笑んで，彼に言った。「僕たちは今日，とても楽しいときを過ごしたよ。また，僕たちに教えに来てね。」彼はあたりを見回した。みんながほほ笑んでいた。彼は少年たちに言った。「僕もとても楽しいときを過ごしたよ。またね。」そして，彼は野球場を離れた。

その夜，フレッドはジェーンの言葉を思い出して，考えた。「大好きなことをすることは人を幸せにすることができる。」そして，彼は少年たちのことを考えた。彼は思った。「彼らは野球を通してとても楽しいときを一緒に共有していた。今，僕は監督が言った意味がわかった。」

翌日，彼はチームメイトに言った。「本当にごめん。僕は自分勝手だったよ。僕は君たちと野球を楽しみたいんだ。いい投球をするために僕は最善を尽くすよ。」監督はほほ笑んで聞いていた。そのあと，フレッドはチームメイトと一緒に一生懸命に練習をした。彼らはフレッドを受け入れ始めた。

監督はまた，フレッドに試合で投球する機会を与えた。小さな少年たちも彼を見に来ていた。彼はみんなのために最善を尽くそうとした。彼はその試合でずっと投球し，彼のチームは勝利した。みんなが喜んで，彼のところへ来た。彼は本当に幸せだった。まわりのみんなと楽しいときを共有するのはすばらしいことだと彼は感じた。彼は青い空を見上げた。ちょうどそのとき，女の子の声が聞こえた。「ナイスピッチング！」彼が振り返るとジェーンが見えた。彼女はほほ笑んでいた。

入試攻略 Points

対策

(How about) **going** (to see animals in the zoo?)

How about ～？は「～はどうですか。」という意味で，「～」には名詞が入る。動詞が入る場合は動名詞になる。

What about ～？としても同じ意味になる。

14時間目 職場体験

解答（pp.30～31）

1 (1) ①**エ** ②**エ**

(2) **They helped her.**

(3) **最初の日に彼女から走り去った男の子が，彼女に本を読んでと言ったこと。**

(4) ① **playing** ② **difficult**

③ **learned** ④ **dream**

解　説

1 (1)①アオバ保育園の最初の日のできごと。第２，３段落。

②昼食後にユウコがショックを受けた理由。第３段落。

(2)「ユウコが困ったときに保育園の先生方はいつも何をしたか？」第５段落１文目。

(3)第６段落２文目に She was very happy ... とある。その理由を前後から読み取る。

(4)①保育園で働く前にはそこでの仕事は何をすることだと思っていたか。第１段落６文目。

②保育園で働き始めたあと，そこでの仕事はどうだとわかったか。第１段落６，７文目。

③ユウコは職場体験からたくさんのことをどうしたのか。最後の段落２文目。「教えてもらった」→「学んだ」と考える。

④今，保育園の先生になることはユウコの何か。最後の段落３文目。

注意 ～ -year-old とハイフン(-)でつなぐと形容詞になる。

three-year-old children「３歳の子どもたち」

全文訳

ユウコは中学生である。去年の夏，彼女のクラスのすべての生徒が５日間の職場体験をした。彼らは図書館や駅，学校などで働いた。ユウコはアオバ保育園で働いた。彼女は３歳の子どもの世話をした。働く前，保育園の仕事は小さな子どもたちと遊ぶだけでとても簡単だと思っていた。しかし，働き始めてからは，自分が間違っていたことに気がついた。

最初の日，ユウコはクラスの子どもたちと気持ちを伝え合おうとした。彼女は絵本を読んでいる男の子を見かけた。男の子のところへ行き，言った。「一緒に本を読みましょう。」男の子は彼女を見上げたが，何も言わなかった。すぐに，男の子は顔を下げ，また本を読み始めた。そして，彼女はたずねた。「あなたは何を読んでいるのかな？　その本はおもしろい？」男の子はまた，彼女を見上げた。今度は彼女は男の子にほほ笑んだ。突然，男の子は彼女から走り去った。彼女はとてもショックを受けた。「私が何をしたの？　私は彼に何か悪いことをしたの？」

昼食の時間だった。クラスの子どもたちは座って昼食を食べ始めた。彼らが昼食を食べ終えると，ユウコは部屋を見てショックを受けた。食べ物と牛乳がいたるところにあった。子どもたちはあまりうまく食べたり飲んだりできないので，そうしたのだ。彼女は部屋を掃除しなければならなかった。彼女はとても疲れてしまった。

次の日，ユウコが部屋で子どもたちと遊んでいたとき，ある男の子が女の子の手から本を取ろうとした。その女の子は男の子を押して，言った。「いや，やめて！」男の子は泣き始めた。ユウコは女の子に駆け寄って言った。「そんなことをしてはいけません！　とても危ないじゃないの。」すると，女の子も泣き始めた。ユウコはどうしたらよいかわからなかった。

ユウコが困っていると，保育園の先生方がいつも彼女を助けてくれた。ある先生は言った。「小さな子どもたちは私たちのようにうまく気持ちを伝え合うことができないから，先生たちは子どもたちを注意深く見て，子どもたちが考えていることや，子どもたちがしたいことを理解しようとしなければならないのよ。」彼女は次のようにも言った。「保育園の仕事はとても難しいけれど，子どもたちは力をたくさん与えてくれるから，私はこの仕事が大好きよ。」

最後の日，ユウコが部屋を掃除していると，男の子が彼女のところへやってきて，言った。「この本を僕に読んで，ユウコ先生。」彼は最初の日に彼女から走り去っていった男の子だったので，ユウコはとてもうれしかった。彼女は男の子に言った。「もちろんよ！一緒に読みましょう。」

５日間を終えたとき，アオバ保育園での仕事は自分にとって本当によい経験だったと感じた。その仕事はとても難しかったが，そこの先生方や子どもたちは彼女にたくさんのことを教えてくれたし，彼らは彼女に力もたくさん与えてくれた。将来，保育園の先生になるために，今，彼女はとても一生懸命に勉強している。

入試攻略 Points

対策

- (My father gave) **me a lot of books**(.)

目的語が２つある〈主語＋動詞＋目的語＋目的語〉の形の第４文型の文。この文型の文は，前置詞を使って第３文型に書きかえることができる。

(例) Yuko teaches me Japanese. (第４文型)

→ Yuko teaches Japanese to me. (第３文型)

15時間目　新しい発電方法

解答 (pp.32〜33)

1　(1) **working**

(2) **イ**

(3) **be used to solve big problems**

(4) **エ**

(5) **イ，エ，オ**

解　説

1　(1)空所Ａのある文は「今，政府と企業が協力して，風力発電所など，いくつかの新しい発電所を作ろうと（　Ａ　）。」という意味になる。Ａには work「取り組む」を現在進行形の working の形で入れるとうまくつながる。

(2)直前の文と直後の文を見ると，再生可能エネルギーについて肯定的な内容が書かれていることがわかる。そのため，**イ**を入れると「人々は，石油を燃やすよりも再生可能エネルギーを使う方が，環境を保護するためにずっと良いと考えている」という意味になり，文脈に合う。

(3)助動詞 can の後ろにくるのは動詞の原形。そして be used で「使われる」という受け身の表現になる。to solve big problems を続けると，「大きな問題を解決するために」という意味になる。

(4)ケニアの再生可能エネルギーについて言及されているのは第４段落である。２文目の内容が**エ**「ケニアは再生可能エネルギーを使うために日本とともに発電所を作った」と合致する。

(5)**イ**「ポルトガルでは，政府と会社が汚染を止め，エネルギーを作り出そうとしている。」第２段落４文目の内容と一致。

エ「ハンガリーの小さな会社はペットボトルからソーラーパネルを作っている。」第３段落３文目の内容と一致。

オ「日本はケニアの技術者が地熱発電所の使い方を学ぶ手助けをした。」第４段落４文目の内容と一致。

ここに注意　**さまざまな発電方法**

エネルギーに関するテーマが入試では出題されやすいので，以下の用語を覚えておくとよいだろう。

地熱発電：geothermal energy

水力発電：water power

火力発電：thermal power

風力発電：wind power

太陽光発電：solar energy

全文訳

最近，環境を破壊することなく電力を生み出す方法を考える人が世界中に増えてきました。そこで，新しい技術や国同士の協力がより重要になってきました。その事実を知るために，３つの話を紹介しましょう。

2016年，ポルトガルはあるエネルギーの試験を行いました。風や水，太陽光などの再生可能エネルギーだけを使ったのです。すると，国全体が必要な電力をすべて作り出すことができたのです。今，政府と企業が協力して，風力発電所などいくつかの新しい発電所を作ろうと取り組んでいます。再生可能エネルギーは石油を節約し，環境を守ることができるので，彼らはもっとそのエネルギーを使いたいと考えています。人々は，石油を燃やすよりも再生可能エネルギーを使う方が，環境を保護するためにずっと良いと考えています。彼らの目標は汚染を止め，より多くのエネルギーを生み出し，そして経済の成長を得ることです。

ハンガリーでは，ある小さな会社が電力生産について別の計画を試しています。大きな発電所を建てる代わりに，もっとずっと小さなことを考えているのです。この会社は，古いペットボトルでできたソーラーパネルを設計しています。より良い未来を築くために，ゴミを賢くリサイクルする方法です。20平方メートルのこのソーラーパネルで，家1軒分の電気を作ることができます。もしあなたの家にそれらがあれば，あなたの家族は大きな発電所の電気を使う必要はありません。この小さな技術は大きな問題を解決するために使うことができるのです。

再生可能エネルギーを利用するために，お互いに助け合っている国もあります。ケニアは，日本の援助を受けて地熱発電所を建設しました。これらの発電所は地球の熱を利用しています。日本はケニアの技術者に地熱発電所の建設方法を教え，使い方も教えました。ケニアは，この発電所の発電量を増やすことを目標としています。挑戦的なことですが，将来的にはこの目標に到達したいと考えています。日本の支援のもと，ケニアの人たちは自国の経済成長のためにも懸命に努力しています。多くの国が地球規模の問題を理解し，より良い世界を築いていくためには，このような国際的な支援が重要です。

再生可能エネルギーにはいろいろな種類があり，世界の国々はそれらをより良い方法で使おうとしています。ポルトガル，ハンガリー，ケニアが良い例です。今，多くの国々がより新しい技術を生み出し，より明るい未来のためにより良い協力関係を築けるよう，最大限の努力をしています。

入試攻略 Points

対策

(1) (That problem) **will be solved** (in the future.)
(2) (Beautiful mountains) **can be seen** (from my room.)
(3) (This job) **must be done** (by him.)

助動詞＋受け身の形をとるには，助動詞の直後に〈be ＋過去分詞〉を続ける。

総仕上げテスト ①

解答（pp.34〜36）

1 (1) **2番目：イ　4番目：ア**
(2) **イ**
(3) **ア**
(4) **イ**
(5) **ウ**
(6) **エ，オ**

解　説

1 (1) how long have people eaten fermented foods?「どのくらい前から人々は発酵食品を食べているのだろうか？」

(2)①「最初，彼らはそれらを食べていいのか心配しました。しかし，彼らはそれらを食べたとき，それらを気に入りました。」
②「彼らが数日後にその袋を開けたとき，彼らは大豆の中にいくつかの変化を見つけました。」
③「当時，彼らはわらの袋の中で大豆に何が起こっているのかわかりませんでしたが，今日では私たちはそれを知っています。」
④「それで，彼らは義家にそれらを与え，そして彼もそれを気に入りました。」
②だけ soybeans と書いてある。①，④は代名詞 them で書かれているので，②が先。③は today と現在のことを言っているので一番最後。①と④を比べると，①は At first「初めは」と書いてあるので①が先。

(3)第4段落の2文目に“good” micro-organisms 〜と書いてあるように，良い微生物から発酵食品が作られる。第5段落の4，5文目にチーズは牛乳よりも長持ちすると書いてあるところから，牛乳の方が速く腐るということになる。

(4)**イ**は「例えば，納豆はゆでた大豆より栄養価が高いし，ビタミンKやビタミンB2も多いです。」で表と一致している。
ア「例えば，もしあなたがカルシウムを摂る必要があるなら，納豆は一番良い食品です。納豆には牛乳やチーズよりもカルシウムが多くあります。」
ウ「例えば，納豆は他の食品にはまったくない多くの種類のビタミンを含んでいます。ビタミンKはひとつのそのような例です。」
エ「例えば，納豆は牛乳よりもビタミンKとビタミンB_2を多く含んでいますが，牛乳は納豆よりも多くタンパク質を含んでいます。」

(5)発酵食品の歴史や，それらが私たちにとってどんな良いことをもたらすのかを学んだので，**ウ**「発酵食品の歴史と発酵食品が私たちに及ぼす良いこと」が適切。

ア「なぜ多くの人々は発酵食品が好きではないのか」

イ「人々は発酵食品を作る一番良い方法をどのように学んだのか」

エ「発酵食品とそれらの未来についての問題」

(6)**ア**「人々はちょうど5000年前に発酵食品を作り始めた。」

イ「大昔，食料を保存する方法を見つけることはあまりに難しかった。」

ウ「義家の兵士は，走って逃げる前に彼らの大豆がすでに発酵していたということを見つけ出していた。」

エ「良い微生物は食品の中で働いているときは，悪い微生物が食品の中に入るのは難しい。」

オ「強烈な匂いを持ついくつかの発酵食品があるが，人々の中にはその匂いゆえにそれらが好きという人もいる。」

エは第4段落4文目にWhen fermentation ～ coming into food. とあるように「良い微生物が食物の中で働いているときに悪い微生物が食品に入り込むのは難しい」と一致する。**オ**は第5段落8，9文目のgood, strong, or ～ because of themの内容と一致する。

全文訳

今朝あなたは朝食に何を食べましたか？チーズののったパン，またはご飯に納豆と味噌汁？そしてデザートにヨーグルトでしょうか。パン，チーズ，納豆，味噌，そしてヨーグルト。それらのすべてが発酵食品だとあなたは知っていますか？しょう油，ビール，ワイン，そしてキムチもまた発酵食品です。本当に世界中にたくさんの種類があります。では，人々はどのくらい前から発酵食品を食べているのでしょうか。それらはどのようにして作られるのでしょうか。それらについて何が特別なのでしょうか？

人々はずいぶん昔から発酵食品を食べていました。それらの中のいくつか，たとえばビールやワインはすでに5000年以上前から作られていました！そんな大昔に生きていた人々に，発酵食品は大変重要なものでした。なぜなら他の食べ物より長く保存できたからです。今日私たちには食べ物を保存するための冷蔵庫がありますが，彼らはそのように便利なものを持っていませんでした。彼らは食品を保存するために多くの異なる方法を見つけ，そのなかの1つが食べ物を発酵させることでした。

それでは，どのようにして食べ物を発酵させる方法を見つけたのでしょうか？あなたは驚くかもしれませんが，多くの発酵食品が偶然に作られたのです！たとえば，どのように人々が納豆を見つけたかを紹介したいくつかの物語があります。ある物語はこのように語られます。ある日，源義家と彼の兵士が東北地方へ旅をしていました。兵士が馬のために大豆をゆでていたとき，彼らは突然他の兵士の一団によって攻撃されました。彼らは逃げるとき，いくつかのわらの袋の中に大豆をいれて運びました。彼らが2，3日後にその袋を開けた時大豆が変化していたのを発見しました。初めは，彼らはそれらを食べていいのか心配しました。しかし彼らがそれらを食べたとき，それらを気に入りました。それで彼らはそれらを義家にあげました。そして彼もそれらを気に入りました。そのとき，彼らは袋の中の大豆に何が起こったのかわからなかったのですが，今日では私たちは知っています。

それらに起こったことは発酵です。発酵食品において，良い微生物が人々にとって良いことをするためにはたらいています。人々にとって悪い微生物もあります。そしてそれらのいくつかが食物の中に入ると，すぐに腐り始めるのです。発酵が起こるとき，さらに多くの良い微生物が悪い微生物を食物に入らないようにさせます。このために，人々は長い間食べ物を保存することができ，味もさらによくなって，栄養価も高くなるのです。さあ思い出してください，義家と兵士の物語を。彼らが運んだわらの袋の中には，発酵を引き起こすたくさんの良い微生物があったのです。

良い微生物が私たちのためにすることは，発酵食品について特殊なことです。まず私たちはそれらを長い時間保存できます。牛乳やチーズについて考えてみてください。それらのどちらがより長く保存できますか。もちろんチーズです。チーズは牛乳からつくられた発酵食品です。牛乳はチーズより速く腐ります。次に発酵食品は独特な―良い，強い，ことによると変な―匂いと味があります。ある人々は，それらのおかげで発酵食品が好きです。3つ目に，発酵食品は私たちの体にとってとても良いものです。たとえば，納豆はゆでた大豆よりも栄養価が高いです。納豆にはビタミンKとビタミンB_2がゆでた大豆よりあります。

あなたは発酵食品に興味が湧いてきましたか。ここでは発酵食品の歴史と，それらが私たちにしてくれる良いことを学びました。他にたくさんの発酵食品が私たちの国や世界中にあります。他の発酵食品について自分自身で勉強してみませんか。たとえば，あなたは今までくさやのことを聞いたことがありますか？それは日本の伝統的な食べ物です。それはどこでどのようにして作られたのでしょうか？それはどのような味でしょうか？私たちの食文化や，その歴史について学ぶことは興味深く，同時に大切です。

総仕上げテスト ②

解答（pp.37〜39）

1 (1) 例 **I think computers will bring us a better world because we can get a lot of information with them.**

(2) Aア　Bカ　Cイ

(3) ア

(4) 例 **I want a robot to clean my room every day.**

(5) エ(→)ア(→)ウ(→)イ

(6) エ

(7) 例 **I'll stop using plastic bottles. Plastic is not good for our environment, but many people still use plastic bottles. Instead, I'll use a water bottle which I can use again and again. It's very eco-friendly, so we can save the environment.**

解　説

1 (1)下線部①を日本語にすると「この質問に対するあなたの答えは何ですか」という意味になる。この質問というのは第1段落2文目の「コンピュータは世の中をより良くするか」という質問を指している。

(2)(A)wants to の後ろには動詞の原形が続く。第2段落の内容から，make を入れ「新しいプログラムを作りたい」とするのが正解。

(B)空所の後ろは空所の直前にある robots を修飾しているので，関係代名詞 which が入る。

(C)become「〜になる」の後ろに入るものは名詞か形容詞。**イ**の necessary か**エ**の quick が形容詞で入れることができ，文章の内容から，necessary を入れ「私たちの未来に必要になる」とするのが正解。

(3)空所**あ**の直後が his stay という期間を表す名詞なので，During が入る。また，空所**い**には At が入り，At first で「最初は」という意味になる。

(4)下線部③を含む文は「あなたはロボットにあなたがしてもらいたいと思っていることなら何でも頼むことができる」という意味。ロボットにしてもらいたいと思っていることを考えて書く。

(5)**エ**「彼が子供の頃，コンピュータはとても大きくて高価だった。」→**ア**「当時は，誰もが会社や家庭でパソコンを使うようになるとは想像もつかなかった。」→**ウ**「そこで彼は，コンピュータをより小さく安価なものにするためのコンピュータ技術の開発に力を注いだ。」→**イ**「彼の研究はうまくいき，今では多くの人がパソコンを買うことができ，子どもでも使えるようになった。」

(6)**ア**「グラフを見ると，悠太の学校の半数以上の生徒がコンピュータは世の中にとって役に立つと答えている。」そのように考えているのは46%なので半数に満たない。

イ「トンは日本に1週間滞在し，コンピュータ技術を学んだ。」トンは日本に留学していて，夏の間1週間だけ悠太の家に滞在した。

ウ「悠太の父は『パソコンの父』と呼ばれていて，トンにコンピュータ技術について多くのことを教えた。」パソコンの父と呼ばれているのはアラン・ケイであり，悠太の父ではない。

エ「トンは悠太に何か世の中の人々のためになることをすることを勧めた。」最終段落の内容と一致。

(7)投稿文は「トンのようにロボットを作ることはできないけれど，わたしは未来をより良いものにするための考えを思いつきました」とあり，空所はそのあとに続いている。あなたが未来をより良いものにするためにできることを書く。

全文訳

このグラフを見てください。このグラフは，「コンピュータは世の中をより良くするでしょうか？」という質問に対して，私たちの中学校の生徒がどう答えたかを示しています。4割以上の生徒が，コンピュータのおかげで将来はより良い生活を送れるだろうと考えています。一方，約半数の生徒が，コンピュータを使い続けると，何か，あるいは多くのものを失うことになると考えています。あなたは，この質問に対してどのように答えますか。コンピュータが私たちを幸せにしてくれないなら，他に何が私たちを幸せにしてくれるでしょうか。

私の友だちのトンは，コンピュータが私たちにより良い世界をもたらしてくれると考えています。トンはカンボジアから来た大学生です。トンは東京の大学でコンピュータプログラムを勉強しています。昨年の夏，彼は私の家に1週間滞在しました。彼が滞在している間，私は彼に質問しました。「なぜ，日本に留学しようと思ったのですか？」と。トンはこう答えました。「僕の国では，日本はコンピュータ技術で有名なんだ。日本に来て勉強し，世界の人々の役に立つロボットを作りたかったんだ」。その答えを聞いたとき，私は彼がこんなにも大きな夢を持っていたことを知って驚きました。「僕は世界の人々の役に立つものを作る人になるなんて想像できないな」と思い，私は彼に「あなたはそれができると思っているのですか？」と問いかけました。トンはしばらく考えて，「一生懸命勉強すればできるよ！僕はコンピュータプログラムで制御する高齢者介護ロボットを作ることができるようになるよ。高齢者介護ロボットとは，お年寄りのお世話ができるロボットだよ！」と答えました。将来は，今よりも少ない人数の若者で，より多くの高齢者の面倒を見なければならなくなります。多くの国がこの問題を解決しなければなりません。だからトンは，世界の未来のために役立つ，そんなロボットを作ることにしたのです。「近い将来，いろいろな種類のロボットがたくさん登場するよ。きみはロボットにきみがしてもらいたいと思っていることなら何でも頼むことができるようになるよ」とトンは言いました。

最初は，そんな便利なロボットが将来できるなんて想像もできませんでした。「お年寄りの介護のようなことがロボットに可能なんですか？」とトンに聞きました。すると，私の父がやってきて，アラン・ケイのことを話してくれました。アラン・ケイはコンピュータ科学者で，彼を「パソコンの父」と呼ぶ人もいます。彼が子供の頃，コンピュータはとても大きくて高価なものでした。当時は，誰もが会社や家庭でパソコンを使うようになるとは想像もつきませんでした。そこで彼は，コンピュータをより小さく，より安価なものにするためのコンピュータ技術の開発に力を注ぎました。彼の研究はうまくいき，今では多くの人がパソコンを買うことができ，子どもでも使えるようになりました。アラン・ケイは，小型で安価なコンピュータを作るという夢を実現したのです。アラン・ケイの話を聞いたあと，私はトンに，「いつかあなたも，今作ろうとしているロボットのためのコンピュータプログラムを開発するんでしょうね！」と言いました。 彼はとてもうれしそうでした。

今，私はコンピュータがもっともっと良い世界をもたらしてくれると信じています。未来の世界を想像してみてください。2050年の世界はどうなっているのでしょうか？ 2050年，あなたも私も40歳を過ぎています。もしかしたら，私たちは今とは違う世界に住んでいるかもしれません。アラン・ケイは，「未来を予測する最善の方法は，それを発明することである」と言いました。私もトンのような人になって，世界の人々に明るい未来を届けたいと思います。私の記事を読んで，みなさんがより明るい未来のために何かを考え始めてくれたらうれしいです。世の中の未来をより良くするために，あなたは何ができますか？